FINAL HSK

실전 모의고사

5급

FINAL HSK 실전모의고사 5급

초판인쇄	2023년 4월 20일
초판발행	2023년 5월 1일
편저	倪明亮
감수	유혜영
편집	가석빈, 엄수연, 연윤영, 최미진, 高霞
펴낸이	엄태상
디자인	진지화
조판	이서영
콘텐츠 제작	김선웅, 장형진
마케팅본부	이승욱, 왕성석, 노원준, 조성민, 이선민
경영기획	조성근, 최성훈, 정다운, 김다미, 최수진, 오희연
물류	정종진, 윤덕현, 신승진, 구윤주
펴낸곳	시사중국어사(시사북스)
주소	서울시 종로구 자하문로 300 시사빌딩
주문 및 문의	1588-1582
팩스	0502-989-9592
홈페이지	http://www.sisabooks.com
이메일	book_chinese@sisadream.com
등록일자	1988년 2월 12일
등록번호	제300 - 2014 - 89호

ISBN 979-11-5720-244-7 (14720)
         979-11-5720-241-6 (SET)

新中国汉语水平考试HSK应试指南（五级）

HSK 5급 따기 Final 비법 4!

1
영역별 문제풀이 핵심을 알자!

영역별 문제풀이 핵심을 정확히 파악하면 문제를 대하는 시선이 달라진다. 문제를 푸는 데 필요한 것만 확실하게 짚어내 익히고 문제풀이 훈련을 하자!

2
양질의 문제를 많이 풀어 보자!

북경어언대 HSK 전문 집필진이 공들여 선별한, 최신 경향에 맞춘 양질의 문제를 꼼꼼히 풀어 보자. 문제 양도 풍부하여 반복 훈련이 가능하다.

3
듣기를 잡으면 HSK가 잡힌다!

북경어언대 원서에서만 만날 수 있는 특혜! 중국 현지에서 직접 녹음한 파일로 학습하여 실전 감각을 익히자!

4
실전 모의고사 3세트로 5급 마무리하자!

출제자의 의도를 정확히 반영한 고퀄리티의 실전 모의고사 3세트로 5급 시험 준비를 마무리할 수 있다!

차례

PART 1   영역별 훈련

1. 듣기

2. 독해

3. 쓰기

해설집

▶ 해설집 다운로드

※ 해설집 PDF 파일은 로그인 후 무료 다운로드 가능합니다.

Final HSK 실전 모의고사 - 100% 활용법

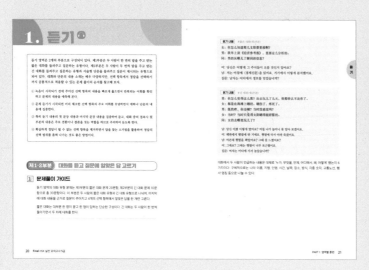

영역별 문제풀이 핵심 체크

장황한 설명은 No!
영역별로 핵심만 체크하고
문제풀이로 바로 넘어가세요!

대량의 문제 무한 반복 풀기

영역별로 모의고사 3세트 분량
의 문제가 실려 있어 영역별 핵
심을 학습한 후 바로 문제에 적
용하여 풀어 보세요!

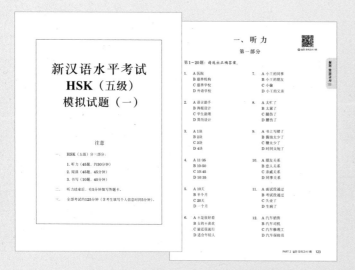

실전 모의고사 3세트로 실력 점검

실제 시험에서는 실전 감각이
중요하므로 실전처럼 마음을 잡고
문제를 풀어 보세요.

QR로 언제 어디서든 간편하게
음원을 들으며 문제를 풀 수 있어요!

교재 속 QR만 찍으면 정답은 물론 해설을 바로 볼 수 있어요.
해설 PDF 파일은 간편하게 무료로 다운받아 언제나 볼 수 있어요.

HSK는 제1언어가 중국어가 아닌 사람의 중국어 능력을 평가하기 위해 만들어진 중국 정부 유일의 국제중국어능력 표준화 시험으로, 생활, 학습, 업무 등 실생활에서의 중국어 운용능력을 중점적으로 평가하는 시험입니다.

1 시험 구성

HSK는 국제 중국어능력 표준화 시험으로, 중국어가 모국어가 아닌 학생들이 생활, 학습, 업무 면에서 중국어로 교류하는 능력을 중점적으로 테스트합니다. HSK는 필기시험과 구술시험의 두 가지 부분으로 나누어지고, 필기시험과 구술시험은 서로 독립적입니다. 필기시험은 1급, 2급, 3급, 4급, 5급과 6급 시험으로 나누어지고, 구술시험은 초급, 중급, 고급으로 나누어지며 구술시험은 녹음의 형식으로 이루어집니다.

필기 시험	구술 시험
HSK(1급)	HSKK(초급)
HSK(2급)	
HSK(3급)	HSKK(중급)
HSK(4급)	
HSK(5급)	HSKK(고급)
HSK(6급)	

2 시험 등급

HSK의 각 등급에 따른 단어 수와 중국어 학습 능력 수준은 아래의 표와 같습니다.

HSK	단어 수	중국어 학습 능력 수준
1급	150	매우 간단한 중국어 단어와 구문을 이해하고 사용할 수 있으며, 구체적인 의사소통 요구를 만족시키며, 한 걸음 더 나아간 중국어 능력을 구비합니다.
2급	300	익숙한 일상생활을 주제로 하여 중국어로 간단하게 바로 의사소통 할 수 있으며, 초급 중국어의 우수한 수준에 준합니다.
3급	600	중국어로 생활, 학습, 비즈니스 등 방면에서 기본적인 의사소통 임무를 수행할 수 있으며, 중국에서 여행할 때도 대부분의 의사소통을 할 수 있습니다.
4급	1,200	중국어로 비교적 넓은 영역의 주제로 토론을 할 수 있고, 비교적 유창하게 원어민과 대화할 수 있습니다.
5급	2,500	중국어로 신문과 잡지를 읽고, 영화와 텔레비전을 감상할 수 있으며, 중국어로 비교적 높은 수준의 강연을 할 수 있습니다.
6급	5,000 이상	중국어로 된 소식을 가볍게 듣고 이해할 수 있고, 구어체나 문어체의 형식으로 자신의 견해를 자유롭게 표현할 수 있습니다.

3 접수 방법

❶ 인터넷 접수: HSK 한국사무국 홈페이지(http://www.hsk.or.kr)에서 접수

❷ 우편 접수: 구비서류를 동봉하여 등기우편으로 접수
　　　　　※ 구비서류 : 응시원서(사진 1장 부착) + 사진 1장 + 응시비 입금 영수증

❸ 방문 접수: HSK 한국사무국에서 접수
　　　　　※ HSK PBT만 가능

4 접수 확인 및 수험표 발급 안내

❶ 접수 확인: 모든 응시자는 접수를 마친 후 HSK 홈페이지에서 접수 확인을 합니다.

❷ 수험표 발급: 수험표는 홈페이지 나의 시험정보 <접수내역> 창에서 접수 확인 후 출력 가능합니다. 우편접수자의 수험표는 홈페이지를 통해 출력 가능하며, 방문접수자의 수험표는 접수 시 방문접수 장소에서 발급해 드립니다.

5 성적 결과 안내

인터넷 성적 조회는 시험일로부터 HSK IBT는 2주 후, HSK PBT는 1개월 후이며, HSK 개인 성적표는 '시험일로부터 45일 후' 수령 가능합니다.
※ IBT와 PBT 시험 성적은 시험일로부터 2년간 유효합니다.

6 주의사항

- 접수 후에는 응시등급, 시험일자, 시험장소, 시험방법의 변경이 불가능합니다.

- 고사장은 학교 사정과 정원에 따라 변동 및 조기 마감될 수 있습니다.
  (변경 시 홈페이지 공지)

- 천재지변·특수상황 등 이에 준하는 상황 발생 시 시험일자의 변경이 가능합니다.
  (변경 시 홈페이지 공지)

- HSK 정기시험은 관련 규정에 근거하여 응시 취소 신청이 가능합니다.

Q. HSK 5급 구성과 시험 시간 배점은 어떻게 되나요?

A. HSK 5급은 총 100문제로 듣기/독해/쓰기 세 영역으로 나뉩니다. 100문항을 약 120분 동안 풀어야 합니다. 각 영역별로 배점은 100점으로 총 300점 만점에 180점 이상이면 HSK 5급 합격증을 받을 수 있습니다. 듣기 영역이 끝난 후에는 5분의 답안 작성 시간이 따로 주어집니다.

시험 내용		문항 수 / 배점		시험 시간
1 듣기	제1부분	20	45문항 / 100점	약 30분
	제2부분	25		
듣기 영역에 대한 답안 작성시간				5분
2 독해	제1부분	15	45문항 / 100점	45분
	제2부분	10		
	제3부분	20		
3 쓰기	제1부분	8	10문항 / 100점	40분
	제2부분	2		
총계		100문항 / 300점		약 120분

Q. 몇 점이면 합격인가요?

A. HSK 5급은 듣기/독해/쓰기 세 영역으로 총 100문항, 300점 만점입니다. 영역별 과락 없이 총점 180점 이상이면 5급 합격증을 취득할 수 있습니다. 하지만 성적표에는 각 영역별 성적이 모두 표시되므로 영역별 점수차가 크지 않도록 하는 것이 좋습니다. 최근에는 200점 이상의 성적을 요구하는 곳이 많으므로 200점 이상은 넘길 수 있도록 공부하는 것이 좋습니다.

Q. 얼마나 공부하면 HSK 5급을 취득할 수 있나요?

A. 중국어를 시작한 지 2~3달 만에 HSK 5급에 도전하여 합격하는 경우가 있습니다. 단기간이라도 집중 공략한다면 가능합니다. 중국어 학습 기간이 적다고 고민하지 말고, 매일 정확한 시간을 투자하여 본 교재를 열심히 학습하세요. 어려운 부분은 끙끙거리지 말고 잠깐 넘겨도 좋습니다. 이해가 잘 되는 부분은 정확하게 반복하여 숙지하고, 어려운 부분은 체크한 후 잠시 넘어가면서 꾸준히 하는 것이 중요합니다.

Q. 이 교재 한 권으로 HSK 5급을 취득할 수 있을까요?

A. 이 책에 실린 모든 문제는 실제 기출문제를 가공한 문제이므로 현재 시험 출제경향을 100% 담았다고 할 수 있습니다. 시험에서 반복적으로 빠지지 않고 출제되는 유형과 표현들을 집중적으로 분석하였습니다. 이 책의 내용을 잘 소화하여 활용한다면 HSK 5급을 취득할 수 있습니다.

Q. HSK 5급 시험의 난이도는 어떻게 되나요?

A. HSK의 출제경향과 시험의 난이도는 해마다 달라지고 있으며, 다양한 표현과 새로운 유형들이 출제되고 있습니다. 하지만 급수마다 출제되는 어휘가 정해져 있으므로 기본에 충실하면 새로운 문제 유형에도 유연하게 대처하여 고득점 취득이 가능합니다.

Q. HSK IBT는 무엇인가요?

A. 기존에는 대부분 HSK 시험 방식이 종이시험 방식(PBT)이었습니다. 하지만 최근에는 컴퓨터를 사용하여 문제를 푸는 IBT 역시 많은 수험생들이 선택하여 시험을 치르고 있습니다. PBT와 IBT의 점수와 급수는 모두 동일하게 인정되므로 자신에게 맞는 방식을 선택하여 시험에 응시하는 것이 좋습니다.
*본책 12쪽 <HSK IBT 시험 순서 및 요령>을 확인하세요!

Q. 시험일자와 접수방법이 어떻게 되나요?

A. 기존에는 HSK 시험이 매달 1회씩, 1년에 12회가 실시되었습니다. 현재 컴퓨터를 사용하여 시험에 응시하는 IBT가 생기면서 시험 응시의 기회는 더욱 많아졌습니다. HSK시험을 시행하는 기관이 다양하므로 정확한 시험 일정과 접수 방식은 HSK 한국사무국 홈페이지(www.hsk.or.kr) 또는 기타 HSK 대행사 홈페이지를 통해 확인하는 것이 좋습니다.

1 시험 진행 순서 및 유의사항

※ 시험 진행 순서

소요시간	내용	참고
오후 1시 30분까지	응시자 입실 완료 (수험표 번호로 고사장 확인 후, 입구에서 좌석 확인)	
약 20분	응시자 신분 확인 및 유의사항 안내, 답안지 작성 및 HSK IBT 설명	
약 10분	응시생 수험번호 입력과 HSK IBT System Login	
약 30분	듣기	각 항목별 중간 휴식시간 없음
5분	듣기 영역에 대한 답안 작성 시간	
45분	독해	
45분	쓰기	
총 시험 시간: 약 120분		

※ 유의사항
- 듣기 평가는 한 번씩 들려줍니다.
- 듣기 영역에 대한 답안은 각 문항의 듣기가 끝난 후, 다음 듣기 문항으로 넘어가기 전에 정답을 선택/클릭합니다.
- 모든 듣기 문제가 끝난 후 5분의 답안 체크 시간이 주어집니다.
- 답안 작성 시에는 왼쪽 화면의 답안 작성 상황을 살펴 누락시킨 문제가 없도록 확인합니다.
- 답안을 정정할 경우에는 새 답안을 다시 선택해야 합니다.
- 필기구를 책상 위에 놓는 행위, 사용하는 행위는 발각 시 부정행위 처리됩니다.
- 시험 시간이 종료되면 자동으로 답안이 제출됩니다.

화면 메뉴 기능 설명

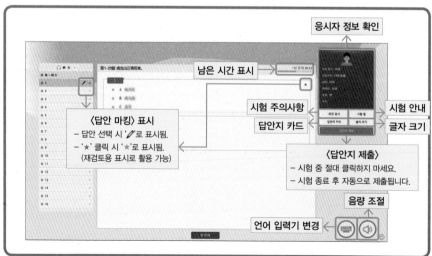

2 시험 응시 매뉴얼

① 언어 선택

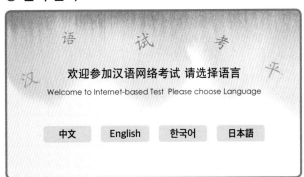

- 한국어, 중국어, 영어, 일본어 중 한 가지를 선택합니다.

② 로그인

- 수험표 번호와 패스워드를 입력합니다.
  (수험표 번호와 패스워드는 시험 당일 모니터 하단 또는 칸막이에 부착되어 있음)
- 응시자 정보가 뜨면 정보를 확인합니다.

조건 검사   □ 시험장 주의사항을 읽었습니다.

인터넷 기반 중국어 시험에 참여하신 것을 환영합니다. 시험 규정과 주의사항을 자세히 읽어 보시기 바랍니다.

첫째, 시험 규정

1. 여권과 수험표를 책상 왼쪽 앞부분에 놓아 감독관이 검사할 수 있게 합니다.
2. 여권과 수험표 외의 개인 물품은 반드시 시험 감독관이 지정한 위치에 보관해야 합니다.
3. 규정 시간 내에 정해진 시험 문제를 풀어야 합니다.
4. 시험이 시작되고 나서 듣기 평가를 마칠 때까지, 응시생은 고사장을 퇴실할 수 없습니다. 특수한 사정으로 응시생이 시험 도중 퇴실할 경우 시험 감독관의 동의를 구해야 합니다. 고사장을 떠나기 전에 수험표와 신분증을 시험 감독관에게 맡겨야 하고 시험 감독관은 응시생이 돌아온 다음 수험표와 신분증을 돌려줍니다.
5. 시험을 치르는 동안에는 정숙을 유지해야 합니다. 다른 응시생과 이야기를 주고받거나, 다른 응시생의 답을 봐서는 안 됩니다. 만약 문제가 있으면 손을 들어 시험 감독관이 오기를 기다렸다가 작은 목소리로 질문을 해야 합니다.
6. 응시생은 반드시 시험 감독관의 지시에 따르고, 시험 규정을 준수해야 합니다. 만약 응시생이 대리시험을 치거나, 부정행위 및 시험 감독관의 지시를 듣지 않는 등의 행동을 할 경우 시험 성적은 취소됩니다.

둘째, 시험 주의 사항

1. 시험은 키보드와 마우스, 이어폰을 사용해 치르며 연습 용지는 발급하지 않습니다. 컴퓨터 및 기타 장비를 함부로 만지거나 다른 장비를 컴퓨터에 탈부착해서는 안 됩니다. 만약 응시생의 부주의로 컴퓨터 및 이어폰이 파손될 경우(예컨대 이어폰 선이 끊어진 경우), 응시생이 보상해야 합니다.
2. 이어폰의 음량을 잘 조절하시기 바랍니다. 문제가 있을 경우 시험 감독관에게 문의하시기 바랍니다.
3. 시험 총 시간은 인터넷 기반 시험 시스템이 통제하며 컴퓨터 모니터에 남은 시간이 표시됩니다.
4. 시험 시작 1분 전에 시스템이 자동적으로 시험 모드로 변하며 응시생은 듣기 평가 항목의 내용을 볼 수는 있지만 문제를 풀 수는 없습니다.
5. HSK 3급, 4급, 5급의 단어배열 문제는 마우스를 드래그하는 방식으로 풉니다. 시스템에 과부하가 걸리지 않도록 응시생은 너무 빈번하게 드래그해서는 안 됩니다.

③ 헤드셋 음량 체크

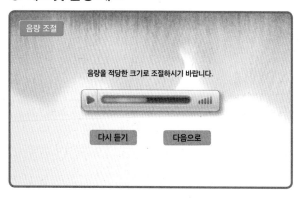

- 헤드셋 착용 후 출력여부 및
  음량 크기를 체크합니다.
- 작동 오류가 있을 시 조용히
  손을 들어 감독관에게 알립니다.

④ 시험 문제 다운로드

- 시험 문제는 자동으로 다운로드됩니다.
- [다음으로] 버튼을 클릭하면 '대기 화면'
  으로 전환됩니다.

⑤ 대기 화면

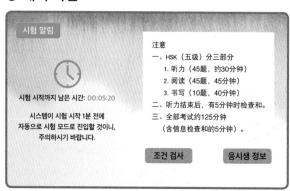

- 듣기 시험 시작 1분 전이 되면
  [대기 화면]에서 [듣기 영역]으로
  화면이 넘어가며, 1분간 '선택 문항'을
  볼 수만 있습니다.

⑥ HSK 5급 듣기 영역

[듣기 영역]

시험 내용	문항 수 (총 45문항)	시험 시간
제1부분	1~20번	약 35분 (답안 작성 시간 5분 포함)
제2부분	21~45번	

- 답안 확인 시간이 추가로 5분 간 주어지며, 최종 체크하는 시간으로 활용합니다.

⑦ HSK 5급 독해 영역

[독해 영역]

시험 내용	문항 수 (총 45문항)	시험 시간
제1부분	46~60번	약 45분
제2부분	61~70번	
제3부분	71~90번	

- 영역 내에서 자유롭게 이동이 가능합니다.

⑧ HSK 5급 쓰기 영역

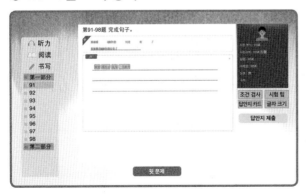

[쓰기 영역]

시험 내용	문항 수 (총 10문항)	시험 시간
제1부분	91~98번	약 40분
제2부분	99~100번	

- 제1부분은 단어를 마우스로 드래그하여 답안을 작성합니다.
- 'SOGOU 병음 입력기(拼音输入法)'로 작성합니다.
- 문장 맞춤법과 문장 부호 등을 쓰기 사용법에 맞추어 작성하며, 마침표는 '.', '。' 모두 사용 가능합니다.

중국어 입력 꿀팁

- 보통 컴퓨터 자판에서 [Alt]+[Shift] 키를 누르면 중국어 자판으로 변경되며, 컴퓨터 화면 하단 작업 표시줄의 오른쪽에서 마우스로도 변경 가능
- [ü] 발음의 중국어를 입력할 때에는 알파벳 v를 입력해야 함
- 중국어의 문장부호 ' 、 '는 컴퓨터 자판 오른쪽 부분의 [W] 자판을 입력하면 됨
- 입력 시 자동으로 상용 중국어가 하단에 표시되므로, 내가 입력하려는 글자가 맞는지 확인해야 함

⑨ 시험 종료 및 제출

시험 종료

휴대물품을 챙겨서 시험장에서 나가주시기 바랍니다.

- 시험 시간이 종료되고 답안지 제출 버튼을 누르면 시험이 종료되고 자동으로 답안 제출이 됩니다. 반드시 시험을 모두 끝내고 클릭합니다.

- 시험이 모두 종료되면, 감독관의 지시에 따라 조용히 퇴실합니다.

Final HSK 실전 모의고사 - 100% 활용법

시험 보기 한달 전

MON	TUE	WED	THU	FRI	SAT	SUN
1 듣기 제1부분 핵심 파악	2 듣기 제1부분 문제 풀기①	3 듣기 제1부분 문제 풀기②	4 듣기 제2부분 핵심 파악	5 듣기 제2부분 문제 풀기	6 독해 제1부분 핵심 파악	7
8 독해 제1부분 문제 풀기	9 독해 제2부분 핵심 파악	10 독해 제2부분 문제 풀기	11 독해 제3부분 핵심 파악	12 독해 제3부분 문제 풀기	13 쓰기 제1부분 핵심 파악	14
15 쓰기 제1부분 문제 풀기	16 쓰기 제2부분① 핵심 파악	17 쓰기 제2부분① 문제 풀기	18 쓰기 제2부분② 핵심 파악	19 쓰기 제2부분② 문제 풀기	20 실전 모의고사 1회 풀기	21
22 실전 모의고사 1회 복습	23 실전 모의고사 2회 풀기	24 실전 모의고사 2회 복습	25 실전 모의고사 3회 풀기	26 실전 모의고사 3회 복습	27 전체 복습	fighting!! ★ D-DAY

시험 보기 보름 전

MON	TUE	WED	THU	FRI	SAT	SUN
1 듣기 제1부분 핵심 파악 문제 풀기	2 듣기 제2부분 핵심 파악 문제 풀기	3 독해 제1부분 핵심 파악 문제 풀기	4 독해 제2부분 핵심 파악 문제 풀기	5 독해 제3부분 핵심 파악 문제 풀기	6 쓰기 제1부분 핵심 파악 문제 풀기	7
8 쓰기 제2부분① 핵심 파악 문제 풀기	9 쓰기 제2부분② 핵심 파악 문제 풀기	10 실전 모의고사 1회 풀기 복습	11 실전 모의고사 2회 풀기 복습	12 실전 모의고사 3회 풀기 복습	13 전체 복습	fighting!! ★ D-DAY

17

PART

1

HSK 5급
영역별 훈련

해설 PDF 다운로드

1. 듣기 🎧

듣기 영역은 2개의 부분으로 구성되어 있다. 제1부분은 두 사람이 한 번씩 말을 주고 받는 짧은 대화를 들려주고 질문하는 유형이다. 제2부분은 두 사람이 두 번씩 말을 주고 받는 긴 대화를 들려주고 질문하는 유형과 서술형 단문을 들려주고 질문이 제시되는 유형으로 되어 있다. 대화와 단문의 내용 소재는 매우 다양하지만, 선택 항목에서 정답을 선택하기까지 공통적으로 적용할 수 있는 문제 풀이의 순서를 참고해 보자.

① 녹음이 시작되기 전에 주어진 선택 항목의 내용을 빠르게 훑으면서 반복되는 어휘를 확인하고 문제의 내용을 예측해 본다.

② 문제 듣기가 시작되면 미리 체크한 선택 항목의 주요 어휘를 유념하면서 대화나 단문의 내용에 집중한다.

③ 특히 듣기 내용의 첫 문장 내용과 마지막 문장 내용을 집중하여 듣고, 대화 중의 접속사 뒷부분의 내용은 주로 전환이나 결론을 짓는 역할을 하므로 주의하여 듣도록 한다.

④ 확실하게 정답이 될 수 없는 선택 항목을 제거하면서 답을 찾는 소거법을 활용하여 정답의 선택 범위를 좁혀 나가는 것도 좋은 방법이다.

제1·2부분　대화를 듣고 질문에 알맞은 답 고르기

1 문제풀이 가이드

듣기 영역의 대화 유형 문제는 제1부분의 짧은 대화 문제 20문항, 제2부분의 긴 대화 문제 10문항으로 총 30문항이다. 이 부분은 두 사람의 짧은 대화 유형과 긴 대화 유형으로 나뉘며, 마지막에 대화 내용을 근거로 질문이 주어지고 4개의 선택 항목에서 알맞은 답을 한 개만 고른다.

짧은 대화는 대부분 한 명이 묻고 한 명이 답하는 단순한 구성이다. 긴 대화는 두 사람이 한 번씩 돌아가면서 두 차례 대화를 한다.

듣기 내용 #짧은 대화(제1부분)

女：你怎么知道那几支股票要涨啊？

男：我早上读《经济参考报》，里面这么分析的。

问：男的从哪儿了解到的信息？

여: 당신은 어떻게 그 주식들이 오를 것인지 알아요？

남: 저는 아침에 〈경제신문〉을 읽어요. 거기에서 이렇게 분석했어요.

질문: 남자는 어디에서 정보를 얻었습니까？

듣기 내용 #긴 대화(제2부분)

男：你怎么变得这么黑？出去玩儿了几天，我都快认不出你了。

女：都是在海滩上晒的。晒伤了，疼死了。

男：既然疼，你还晒？当时没感觉吗？

女：当时？当时只觉得太阳晒得挺舒服的。

问：女的去哪里玩儿了？

남: 당신 어쩜 이렇게 탔어요？ 며칠 나가 놀더니 못 알아 보겠어요.

여: 해변에서 햇볕에 탄 거예요. 햇볕에 타서 아파 죽겠어요.

남: 아픈데 햇볕을 쬐었어요？ 그때 못 느꼈어요？

여: 그때요？ 그때는 햇볕이 너무 포근했어요.

질문: 여자는 어디에 가서 놀았습니까？

대화에서 두 사람이 언급하는 내용은 대체로 '누가, 무엇을, 언제, 어디에서, 왜, 어떻게' 했는지 6가지이다. 구체적으로는 나라 이름, 지명, 인명, 시간, 날짜, 장소, 방식, 각종 숫자, 교통노선, 행사 명칭 등으로 나눌 수 있다.

1. 장소 유형

① 상점, 마트 등 생활 소비에 자주 사용되는 어휘

买 사다 | 卖 팔다 | 便宜点儿 (값을) 싸게 하다 | 太贵了 너무 비싸다 | 打折 할인하다 | 刷卡 카드로 결제하다 | 怎么卖 어떻게 파는가(얼마인가) | 多少钱 얼마인가 | 会员卡 회원 카드 | 限时特惠 반짝 할인, 한시적 혜택 | 买一送一 하나 사면 하나 증정 | 第二件五折 두 번째 상품은 50% 할인 | 国外进口 해외 수입 | 试用装 샘플 | 现金付款 현금결제 | 信用卡消费 신용카드 소비 | 赠品 사은품

② 학교, 도서관 등 학습 관련하여 자주 사용되는 어휘

中文教师 중국어 교사 | 外国学生 외국인 학생 | 出国留学 해외 유학 | 写作业 숙제를 하다 | 期中考试 중간고사 | 学生食堂 학생 식당 | 学生宿舍 학생 기숙사 | 自习室 자습실 | 图书借阅 도서 대출 | 借书 책을 빌리다 | 还书 책을 반납하다 | 图书管理员 도서관 직원

③ 은행, 회사, 출판사 등의 기관에서 자주 사용되는 어휘

会计师 회계사 | 老师 교사 | 律师 변호사 | 总经理 회장 | 助理 보조 | 同事 동료 | 开会 회의하다 | 内容编辑 내용 편집 | 项目管理 프로젝트 관리 | 产品推广 상품 마케팅 | 市场销售 시장 마케팅 | 团队合作 팀워크, 협력 | 换个工作 직업을 바꾸다 | 招聘 모집하다 | 面试 면접 | 投放简历 이력서를 넣다 | 求职 일자리를 찾다 | 加薪 임금을 올리다 | 保险 보험 | 利润 이윤 | 基本工资 기본임금, 기본급 | 提成 공제하다 | 五险一金 5대 보험과 1개의 기금 | 辞职 사퇴하다 | 退休 은퇴하다

④ 식당, 숙박 업소 등에 자주 사용되는 어휘

菜单 메뉴 | 买单 계산하다 | 饭店 식당 | 点餐 음식을 주문하다 | 特色菜 특색 요리 | 招牌菜 대표 요리 | 套餐 세트 음식 | 优惠券 할인권, 쿠폰 | 服务态度 서비스 태도 | 客房服务 객실 서비스 | 标准间 일반실 | 大床房 더블베드 룸 | 房东 집주인 | 房客 세입자 | 租房子 집을 세내다, 셋집 | 签合同 계약을 체결하다 | 中介 중개

⑤ 정류장, 공항 등 교통 장소에 자주 사용되는 어휘

步行 걸어서 가다 | 开车 차를 운전하다 | 坐地铁 전철을 타다 | 打车回家 택시를 타고 집으로 돌아가다 | 坐公交车 버스를 타다 | 司机师傅 운전기사 | 售票大厅 매표소 | 候车室 대합실 | 接机 공항에 마중나오다 | 行李 여행짐 | 出站 역에서 나오다 | 到站 역에 도착하다 | 晚点 연착하다

⑥ 병원 관련하여 자주 사용되는 어휘

身体不舒服 몸이 아프다 | 情况怎么样 상황이 어떠한가 | 病情很严重 병세가 심각하다 | 饮食不规律 식사가 불규칙하다 | 早日康复 빠른 시일에 건강을 회복하다 | 外科手术 외과 수술 | 中成药 한약 | 西药 양약 | 肝火 화, 신경질

⑦ 방송국 및 방송 관련하여 자주 사용되는 어휘

现场观众 현장 관중 | 直播 생방송 | 首播 첫 방송 | 重播 재방송 | 主持人 진행자 | 嘉宾 초대 손님 | 综艺节目 예능 프로그램 | 真人秀 리얼리티 쇼

2. 태도, 기분, 감정 등의 주관적인 의견

① 적극적인 태도

高兴得跳起来 뛸듯이 기쁘다 │ 称赞 칭찬하다 │ 学会感恩 감사하는 법을 배우다 │ 保持平常心 평정심을 유지하다 │ 佩服 탄복하다 │ 鼓励 격려하다

② 부정적이고 소극적인 태도

肠子悔青了 매우 후회하다 │ 气炸了 분통터지다 │ 惭愧 창피하다 │ 找借口 변명하다 │ 责备 질책하다 │ 后悔 후회하다 │ 不满意 불만족스럽다 │ 拒绝 거절하다 │ 不耐烦 못 참다, 성가시다 │ 为难 난처하다 │ 讨厌 싫다, 미워하다

③ 감정 및 주관적인 의견

太阳打西边出来了 태양이 서쪽에서 뜨다(보기 드문 일이다) │ 担心 걱정하다 │ 放心 마음을 놓다 │ 道歉 사과하다 │ 可惜 안타깝다 │ 引起重视 주목을 끌다 │ 对…感兴趣 ~에 관심이 있다 │ 忍不住 참을 수 없다 │ 同情 동정하다 │ 值得 ~할만한 가치가 있다 │ 恐怕 두려워하다 │ 中立 중립 │ 默认 묵인하다 │ 羡慕 부러워하다

3. 기타 정보

① 시간, 금전 등 구체적인 정보

下班晚了 퇴근이 늦었다 │ 月底 월말 │ 三周前 3주 전 │ 年纪不大 나이가 많지 않다 │ 一晃十几年 눈 깜짝할 사이에 십몇 년 │ 节日快乐 즐거운 명절 보내세요 │ 节日礼物 명절 선물 │ 纪念日 기념일 │ 外币兑换 외화 환전 │ 网银 인터넷뱅킹 │ 转账 계좌이체

② 인물 특징, 인물 관계 등

中等身材 보통 체격 │ 性别 성별 │ 身高 신장, 키 │ 体型 체형 │ 发型 헤어 스타일 │ 独生子女 외동, 외동 자녀 │ 单身 독신 │ 显得年轻 젊어 보인다 │ 显小 어려 보인다

③ 인터넷 유행어 등

穿越剧 타임슬립 드라마 │ 微信 위챗(SNS) │ 支付宝 즈푸바오, 알리페이(모바일 전자 결제 앱) │ 高富帅 키 크고 돈 많고 잘생긴 남자 │ 颜值 얼굴값, 외모 지수 │ 脑洞 상상력이 풍부하다 │ 任性 마음대로 하다 │ 剁手党 인터넷 쇼핑 중독자 │ 网红 왕훙, 인터넷 스타

① ……在做什么? 무엇을 하고 있는가?

② ……可能在哪里? / 从哪里来? / 到哪里去? 어디에 있는가? / 어디에서 왔는가? / 어디를 가는가?

③ ……怎么了? 왜 그런가?

④ ……是谁? 누구인가?

⑤ ……现在几点了? 지금 몇 시인가?

⑥ ……花了多少钱? 얼마를 썼는가?

⑦ ……什么意思? 무엇을 의미하는가?

⑧ ……觉得怎么样? 어떻게 생각하는가?

⑨ ……是做什么的? 무엇을 하는 사람인가?

⑩ ……是什么语气? / 是什么态度? 어떤 말투인가? / 어떤 태도인가?

⑪ ……什么时候? 언제인가?

★ 문제풀이 포인트

① 말하는 사람의 목적이나 태도를 파악한다.

② 듣기 녹음 내용에 근거해서 추리·판단한다.

③ 말하는 사람의 말투와 인물 간의 관계에 주의한다.

2 문제풀이 테크닉

1. 어감·말투에 주의한다. 특히 의문문과 반어문을 구분하여 들어야 한다.

① 의문문: 질문을 하는 것이므로 바로 뒤에 나오는 대답의 내용이 주로 정답이다.

② 반어문: 일종의 강조구문으로 긍정형은 부정의 의미를, 부정형은 긍정의 의미를 나타낸다.

　ⓐ 긍정문 ▶ 부정의 의미 강조

　　예　难道他是运动员?　설마 그가 운동선수란 말이야?

　　　→ 他不是运动员。　그는 운동선수가 아니다.

　ⓑ 부정문 ▶ 긍정의 의미 강조

　　예　难道他不是运动员?　그가 운동선수가 아니란 말이야?

　　　→ 他是运动员。　그는 운동선수이다.

예제 1

A 他忘了　그는 잊어버렸다

B 他太忙了　그는 너무 바빴다

C 手机没电了　휴대폰에 배터리가 없었다

D 飞机晚点了　비행기가 연착했다

듣기 내용　#짧은 대화(제1부분)

女: 你不是说七点之前给我打电话吗?

男: 对不起，飞机晚点了，降落时就已经七点半了。

问: 男的为什么没有给女的打电话?

여: 당신 7시 전에 저한테 전화한다고 하지 않았어요?

남: 미안해요. 비행기가 연착했어요. 착륙할 때 이미 7시 반이었어요.

질문: 남자는 왜 여자에게 전화하지 않았습니까?

정답 D

해설 여자는 남자에게 반어문의 어기로 약속 시간에 전화한다고 하지 않았느냐고 묻고 있고, 남자는 이에 사과하며 '비행기가 연착하여(飞机晚点了)' 전화하기로 한 시간을 지킬 수 없었음을 말하고 있다.

A 不感兴趣 흥미가 없다

B 要写报告 보고서를 써야 한다

C 想在家休息 집에서 쉬고 싶다

D 要准备发言 발표를 준비해야 한다

듣기 내용 #짧은 대화(제1부분)

女: 晚上戏剧社有演出，一起去看吧?

男: 不了，你们去吧，我得写实验报告。

问: 男的为什么不去看演出?

여: 저녁에 연극원에서 공연이 있는데, 같이 가서 볼래요?

남: 아니에요. 당신들은 가세요. 저는 실험 보고서를 써야 해요.

질문: 남자는 왜 공연을 보러 가지 않습니까?

정답 B

해설 여자는 공연을 보러 함께 가자고 물었고, 남자는 이에 거절하면서 함께 갈 수 없는 이유로 '실험 보고서를 써야 한다(写实验报告)'고 말했다. A, C, D는 모두 대화에서 언급하지 않았다.

예제 3

A 没人解决问题 문제를 해결하는 사람이 없다

B 没什么大问题 큰 문제가 없다

C 问题很难解决 문제는 해결되기 어렵다

D 希望得到帮助 도움을 받길 원한다

듣기 내용 #짧은 대화(제1부분)

女: 小刘，你们公司的资金问题解决得怎么样了?

男: 您放心，问题解决得差不多了。

问: 男的是什么意思?

여: 샤오리우, 당신 회사의 자금 문제 해결은 어떻게 됐어요?

남: 걱정 말아요. 문제가 거의 해결됐어요.

질문: 남자의 말은 무슨 뜻입니까?

정답 B

해설 여자가 문제 해결이 어떻게 되었는지를 물었고, 이에 남자는 여자를 안심시키며, '问题解决得差不多了(문제가 거의 해결되었다)'라고 대답했다. 따라서 별다른 문제가 없음을 의미하므로 B가 정답이다.

2. 인물·장소·위치와 관련된 정보를 주의한다.

예를 들어 인물 간의 호칭은 관계, 신분 등의 정보뿐 아니라 장소나 상황을 유추할 수 있는 키워드가 되기도 한다.

예 张总, 服务员, 老师 ▶ 인물 관계

　　取票, 登机口, 办公室, 点餐 ▶ 장소 정보

예제 1

A 车站　정류장

B 学校　학교

C 医院　병원

D 机场　공항

듣기 내용　#짧은 대화(제1부분)

男: 车快开了, 我要上车了。

女: 好, 祝你一路平安。到了以后给我打电话。

问: 他们最可能在哪儿?

남: 차가 곧 출발하니, 차를 탈게요.

여: 그래요. 잘 가요. 도착하면 전화해요.

질문: 그들은 아마도 어디에 있습니까?

정답　A

해설　'车(차)'나 '一路平安(여행이나 먼 길을 떠나는 사람에게 하는 인사말)' 모두 이동하거나 떠나는 내용과 관련된 표현이므로 그들이 정류장에 있음을 알 수 있다.

예제 2

A 邮局　우체국

B 报社　신문사

C 印刷厂　인쇄소

D 博物馆　박물관

듣기 내용　#짧은 대화(제1부분)

女: 你看见小李了吗? 主任有事要我转告她。

男: 我刚才在门口碰见她了, 她说她要去印刷厂拿宣传册。

问: 小李最可能去哪儿了?

여: 당신 샤오리 봤어요? 주임이 나보고 그녀에게 전하라고 한 게 있어요.

남: 방금 문 입구에서 그녀와 마주쳤어요. 인쇄소에 팸플릿을 가지러 간다고 했어요.

질문: 샤오리는 아마도 어디에 갔습니까?

정답 C

해설 여자가 샤오리를 봤는지 물어보고, 남자는 그녀가 '印刷厂(인쇄소)'에 간다고 말했다고 대답했으므로, 여기서 정답을 비교적 쉽게 찾을 수 있다. A, B, D의 장소는 대화에서 언급하지 않았다.

예제 3

A 海边 해변
B 沙漠 사막
C 雪山 설산
D 动物园 동물원

듣기 내용　#긴 대화(제2부분)

男：你怎么变得这么黑？出去玩儿了几天，我都快认不出你了。

女：都是在海滩上晒的。晒伤了，疼死了。

男：既然疼，你还晒？当时没感觉吗？

女：当时？当时只觉得太阳晒得挺舒服的。

问：女的去哪里玩儿了？

남: 당신 어쩜 이렇게 탔어요? 며칠 나가 놀더니 못 알아 보겠어요.

여: 해변에서 햇볕에 탄 거예요. 햇볕에 타서 아파 죽겠어요.

남: 아픈데 햇볕을 쬐었어요? 그때 못 느꼈어요?

여: 그때요? 그때는 햇볕이 너무 포근했어요.

질문: 여자는 어디로 가서 놀았습니까?

정답 A

해설 대화에서 여자가 햇볕에 피부가 많이 탔다는 것을 알 수 있으며, '海滩(해변 모래사장)'이라는 키워드가 나왔으므로 해변에 다녀왔다는 것을 알 수 있다.

3. 감정·태도 등을 나타내는 어휘에 주의한다.

만약 선택 항목에 태도, 바람 등에 관련된 내용이 있다면, 녹음을 들을 때 태도, 관점 등과 관련된 어휘들에 집중하여 들어야 한다. 선택 항목에 주어진 내용과 같거나 동의어와 유의어 표현에도 주의해야 한다.

예제 1

A 很辛苦 매우 고생스럽다

B 常出差 자주 출장을 간다

C 感兴趣 흥미가 있다

D 能赚钱 돈을 벌 수 있다

듣기 내용   #짧은 대화(제1부분)

女：一年中你有五六个月在外地跑，真是太辛苦了。

男：没什么，关键是可以接触、采访各种各样的人，挺有意思的。

问：男的对自己的工作是什么态度？

여: 일 년 중 대여섯 달 동안 외지에서 뛰어다니느라 고생이 많네요.

남: 괜찮아요. 중요한 건 다양한 사람들과 접촉하고 인터뷰할 수 있다는 거예요. 무척 재미있어요.

질문: 남자는 자신의 일에 대해 어떤 태도를 가지고 있습니까?

정답 C

해설 남자의 태도를 묻고 있다. 남자의 대답에서 '挺有意思的(재미있다)'라는 표현은 자신의 일에 관심과 흥미가 있음을 나타내므로 C의 '感兴趣(흥미를 느끼다)'가 정답이다. A 很辛苦(매우 고생스럽다)는 여자가 한 말로 남자의 태도를 나타내지 않는다.

A 样式很新　디자인이 새롭다

B 有点儿薄　조금 얇다

C 手感不错　촉감이 좋다

D 颜色鲜艳　색상이 화사하다

듣기 내용　#짧은 대화(제1부분)

女：这条围巾手感真不错，摸着很柔软。

男：那当然了，这是真丝的，是我在"丝绸之乡"湖州买的。

问：女的觉着围巾怎么样？

여：이 머플러는 촉감이 정말 좋네요. 참 부드러워요.

남：당연하죠. 이건 진짜 비단이에요. 제가 '실크의 고장' 후저우에서 산 거예요.

질문：여자는 머플러가 어떻다고 생각합니까？

정답　C

해설　여자의 첫 번째 말에서 '手感真不错(촉감이 정말 좋다)'라는 말이 선택 항목에 그대로 나와 있다. 따라서 정답은 C이며, A, B, D는 대화에서 언급하지 않았다.

예제 3

A 黄沙满天飞　황사가 가득하다

B 容易让人过敏　알레르기를 일으키기 쉽다

C 柳絮满天飞　버들개지가 온 하늘에 날아다닌다

D 多雨湿润　비가 많이 내리고 습하다

듣기 내용　#긴 대화(제2부분)

女：我真是不喜欢北方的天气，十天有九天都是黄沙满天飞。

男：哈哈，南方倒是没有黄沙满天飞，这个季节也是柳絮满天飞呢。

女：柳絮飘着多美啊，不像在这儿，出去一会儿，身上就都是土。

男：你呀，就是叶公好龙，让你去了那儿，你又会抱怨柳絮过敏了。

问：南方现在的天气怎么样？

여: 저는 정말 북방의 날씨를 좋아하지 않아요. 열흘 중 9일은 황사가 가득해요.

남: 하하, 남쪽은 황사가 가득하지 않아요. 이 계절에도 버들개지가 온 하늘을 날아다니죠.

여: 버들개지가 날리면 얼마나 아름다워요. 여기처럼 잠깐 나가면 온 몸이 흙투성이지 않잖아요.

남: 당신은 그렇게 말하지만 실제로는 그렇지 않을 거예요. 당신을 거기 가라고 하면 또 버들개지 알레르기가 있다고 불평할 거예요.

질문: 남방의 현재 날씨는 어떻습니까?

정답 C

해설 두 사람의 대화는 북방과 남방 두 지역의 날씨를 비교하면서 날씨에 대한 남자와 여자의 주관적인 견해도 섞여있어 다소 헷갈릴 수 있다. 따라서 질문까지 꼼꼼하게 들어야 한다. 질문은 남방의 날씨가 어떤지 묻고 있다. 남방의 날씨는 주로 남자가 말하고 있으며, 남방은 북방과 같은 황사는 없지만 '버들개지가 온 하늘에 날아다닌다(柳絮满天飞)'라고 했으므로 정답은 C이다. A는 여자가 언급한 북방의 날씨이고, B는 남자가 언급한 남방 날씨로 인해 발생 가능한 현상이며, D는 대화에서 언급하지 않았다.

4. 접속사를 주의하여 듣는다.

但是, 然而, 为了, 因为, 所以 등 논리 관계를 나타내는 접속사는 내용을 판단할 때 종종 명확한 힌트를 제공한다.

예제 1

A 迷路了 길을 잃었다

B 迟到了 지각했다

C 交通拥挤 교통이 혼잡하다

D 飞机没按时起飞 비행기가 제시간에 이륙하지 못했다

듣기 내용 #짧은 대화(제1부분)

男: 已经一个多小时了，我们还要等多久？

女: 因为有大雾，所以航班目前都不能起飞。耽误了您的宝贵时间，非常抱歉！

问: 女的为什么要表示抱歉？

남: 벌써 한 시간이 지났어요. 우리는 얼마나 더 기다려야 하나요?

여: 안개가 짙어서 지금은 비행기가 모두 이륙할 수 없어요. 당신의 소중한 시간을 지체하게 해서 매우 죄송합니다!

질문: 여자는 왜 사과를 합니까?

정답 D

해설 '항공편(航班)'에 관한 대화로, 여자의 대답에서 안개로 인해 비행기가 제시간에 이륙할 수 없음을 알리고 있다. 따라서 정답은 D이다.

A 机会很重要 기회는 중요하다

B 压力不能太大 스트레스가 과도해서는 안 된다

C 要争取拿金牌 금메달을 따야 한다

D 人应该有点儿压力 사람은 약간의 스트레스가 있어야 한다

듣기 내용 #짧은 대화(제1부분)

男：如果压力太大，往往不能发挥出正常的水平。

女：是的，很多运动员就是因为压力太大而失掉了拿金牌的机会。

问：女的主要是什么意思？

남: 만약 스트레스가 너무 크면 종종 평소 실력을 발휘할 수 없어요.

여: 맞아요. 많은 운동선수들이 스트레스가 너무 커서 금메달을 딸 기회를 놓쳐버려요.

질문: 여자의 말은 무슨 뜻입니까?

정답 B

해설 여자는 많은 운동선수들이 스트레스나 부담감, 압박감이 너무 커서 금메달을 획득할 기회를 잃는다고 말했다. 따라서 스트레스가 과도해서는 안 된다는 의미로 정답은 B가 가장 적합하다. 여기서 '因为 A 而 B(A 때문에 그래서 B하다)'의 인과관계 문형을 주의해야 한다.

예제 3

A 太矮了 너무 작다

B 太胖了 너무 뚱뚱하다

C 太丑了 너무 못생겼다

D 太小气了 너무 인색하다

듣기 내용 #긴 대화(제2부분)

男：嘿，听说你昨天去相亲了啊？快说说，怎么样？

女：还行吧，长相还可以，身高有一米八，不胖也不瘦，说话也挺风趣的。

男：看人不能光看外表，其他方面怎么样？

女：暂时还看不出来，但是他只请我吃了一碗面，真是太抠门了。

问：女的对相亲对象的哪方面不满意？

남: 어이, 너 어제 소개팅 갔다며? 빨리 말해 봐. 어땠어?

여: 괜찮았어. 생김새도 괜찮고, 키가 180cm에 뚱뚱하지도 마르지도 않아. 말도 재미있게 해.

남: 사람을 볼 때 단지 겉모습만 보면 안 돼. 다른 면은 어때?

여: 잠깐 봐서는 잘 모르겠어. 그런데 그 사람은 나한테 면 요리 한 그릇만 사줬어. 정말 인색해.

질문: 여자는 소개팅 상대의 어떤 면이 마음에 들지 않습니까?

정답 ▶ D

해설 ▶ 여자의 마지막 말에서 답을 찾을 수 있다. '但是'라는 전환의 접속사를 이용하여 불만을 나타냈다. '抠门'은 '인색하다'라는 뜻이다. A, B, C는 모두 '외모(长相)'와 관련된 내용인데, 여자의 첫 번째 대답에서 A, B, C의 내용과 모두 일치하지 않음을 알 수 있다.

memo

연습문제 90문항

연습문제를 풀 때 먼저 듣기 지문을 함께 보지 않도록 한다. 연습문제를 모두 풀어본 후에 정답과 듣기 내용, 주요 어휘를 반드시 확인하고, 다시 한번 문제를 풀어보자.

第1-90题：请选出正确答案。

短对话1-60题。

1. A 两点太早了
   B 应该早一点儿
   C 她不知道自己能不能来
   D 确认两点是否可以

2. A 身份证过期了
   B 没有办过护照
   C 证件丢了
   D 没有赶上飞机

3. A 考试成绩
   B 计算机的可靠性
   C 自己的错误
   D 刘老师的怀疑

4. A 已经洗过了
   B 缩水了
   C 时间太长了
   D 是打折商品

5. A 比在商店买的便宜
   B 比在商店买的好
   C 什么东西都可以买到
   D 不用出门

6. A 一直都是第一名
   B 毕业时成绩在班里排前十名
   C 每年都拿奖学金
   D 成绩时好时坏

7. A 洗衣房
   B 商场
   C 理发店
   D 饭馆

8. A 三天
   B 四天
   C 五天
   D 八天

9. A 早上
   B 中午
   C 晚上
   D 下午

10. A 60
    B 64
    C 65
    D 66

11. A 办公要用
    B 和爱人一起住
    C 和朋友一起住
    D 自己一个人住

12. A 留下吃饭
    B 不留下吃饭
    C 不得不走
    D 不愿意吃饭

13. A 市场
    B 商场
    C 饭馆
    D 书店

14. A 跳槽了
    B 请假了
    C 辞职了
    D 出差了

15. A 看了电视
    B 看了手机
    C 听了广播
    D 女的告诉他的

16. A 找工作
    B 性格问题
    C 长相
    D 找对象

17. A 很辛苦
    B 常出差
    C 感兴趣
    D 能赚钱

18. A 认错了人
    B 服务不周
    C 飞机故障
    D 航班延误

19. A 参加了演讲比赛
    B 参加了歌唱比赛
    C 参加了表演比赛
    D 参加了足球比赛

20. A 东西太多
    B 中病毒了
    C 系统太老
    D 接触不好

21. A 书房
    B 衣服店
    C 窗帘店
    D 理发店

22. A 她没有钱
    B 她没有预订
    C 她没有证件
    D 没有房间了

23. A 小王工作很长时间了
    B 小王工作出了问题
    C 男的非常生气
    D 小王工作很有经验

24. A 不正常
    B 很正常
    C 冬天来得很早
    D 冬天非常冷

25. A 外贸公司
    B 学校
    C 外交部
    D 图书馆

26. A 太忙了
    B 有考试
    C 有很多作业
    D 有比赛

27. A 书店
    B 饭馆
    C 商场
    D 市场

28. A 女的正在煮粥
    B 女的不会做饭
    C 可乐鸡翅糊了
    D 女的在跟老公打电话

29. A 吃饭
    B 旅行
    C 买东西
    D 收拾屋子

30. A 同事
    B 同学
    C 朋友
    D 爱人

31. A 书包
    B 吃的
    C 皮鞋
    D 生活用品

32. A 不去听讲座
    B 马上去听讲座
    C 还没想好去不去听讲座
    D 一会儿去听讲座

33. A 晚上八点
   B 晚上七点
   C 晚上九点
   D 晚上六点

34. A 踢足球
   B 打篮球
   C 打排球
   D 看比赛

35. A 商店工作人员
   B 机场工作人员
   C 女的的朋友
   D 汽车司机

36. A 男的看见充电器了
   B 男的不想帮助女的
   C 女的常常丢东西
   D 充电器找到了

37. A 他要买灭蚊水
   B 这种灭蚊水很好
   C 他相信女的的话
   D 他不相信女的的话

38. A 关电脑
   B 用电脑
   C 下载东西
   D 开灯

39. A 服务员态度不好
   B 鞋子不喜欢
   C 鞋子不可以换
   D 鞋子质量不好

40. A 没有通过笔试
   B 家里负担太重
   C 弟弟要读大学
   D 需要工作赚钱

41. A 开会
   B 开车
   C 看电视
   D 学习

42. A 男的的朋友
   B 男的的秘书
   C 餐厅服务员
   D 餐厅厨师

43. A 女的的国家空气污染严重
   B 女的的国家没有污染
   C 女的的国家工业比重小
   D 女的的国家农业不发达

44. A 男的不喜欢看电影
   B 女的常看电影
   C 男的喜欢这部电影
   D 女的也喜欢上次的电影

45. A 菜太咸了
    B 喜欢喝饮料
    C 菜太甜了
    D 一直没喝水

46. A 周四
    B 周五
    C 周六
    D 周日

47. A 同学聚会
    B 同事聚会
    C 朋友聚会
    D 家庭聚会

48. A 她现在没时间
    B 两人分手冷静一下
    C 没有话题可以聊
    D 是她自己的问题

49. A 成都
    B 加拿大
    C 非洲
    D 莫高窟

50. A 裙子
    B 袜子
    C 裤子
    D 帽子

51. A 组织考试
    B 组织比赛
    C 组织参观
    D 组织春游

52. A 常看象棋比赛
    B 从小感兴趣
    C 父亲的影响
    D 被迫学习

53. A 周二
    B 下周二
    C 周三
    D 下周三

54. A 注意饮食
    B 吃高蛋白食物
    C 吃低脂肪食物
    D 坚持游泳

55. A 300元
    B 400元
    C 600元
    D 800元

56. A 银行
    B 酒店
    C 餐厅
    D 商场

57. A 喜欢摇滚
    B 让自己清醒一点儿
    C 让自己高兴一点儿
    D 女的喜欢

58. A 足球赛
    B 篮球赛
    C 排球赛
    D 拳击赛

59. A 买东西
    B 看朋友
    C 旅行
    D 工作

60. A 女的想吃葡萄
    B 女的不喜欢吃酸葡萄
    C 女的不喜欢那个女孩
    D 女的嫉妒那个女孩

长对话61—90题。

61. A 读研究生
    B 找工作
    C 出国留学
    D 结婚

62. A 银行
    B 商场
    C 图书馆
    D 博物馆

63. A 1个
    B 2个
    C 3个
    D 4个

64. A 女的是编辑
    B 男的没写完论文
    C 论文字数不够
    D 论文准备发表

65. A 送电饭锅
    B 打折
    C 买一送一
    D 免费送到家

66. A 吃饭
    B 洗澡
    C 洗衣服
    D 换衣服

67. A 坏了
    B 不能充电
    C 没电了
    D 不能拍照

68. A 味道好
B 不够香
C 很健康
D 没营养

69. A 外语
B 生物
C 经济
D 计算机

70. A 生气了
B 出院了
C 动手术了
D 已经恢复了

71. A 遗传了她的妈妈
B 遗传了她的爸爸
C 不够努力
D 不够聪明

72. A 没有时间
B 要去上课
C 不想去听
D 没有报名

73. A 朋友
B 夫妻
C 同事
D 同学

74. A 中病毒了
B 丢了
C 没电了
D 自动关机了

75. A 他有专业背景
B 他办事很细心
C 他更有经验
D 以上都正确

76. A 春天
B 夏天
C 秋天
D 冬天

77. A 控制自己的情绪
B 饮食要有营养
C 多锻炼身体
D 多喝水

78. A 书桌上
B 饭馆里
C 抽屉里
D 办公室里

79. A 回家调养
B 回家去医院
C 回家买衣服
D 回家看父亲

80. A 工作
    B 做饭
    C 签字
    D 锻炼

81. A 男的希望女的帮他
    B 女的希望男的帮她
    C 女的帮助了男的
    D 男的帮助了女的

82. A 机场外面
    B 候机室外
    C 商场里面
    D 候机室里

83. A 女的坐公交车回家
    B 男的不会做饭
    C 男的家里没有人
    D 女的不知道男的会做饭

84. A 太浪费时间
    B 电视剧不好看
    C 家里没有电视
    D 电视剧太多

85. A 订机票
    B 打印文件
    C 开会
    D 下载文件

86. A 太矮了
    B 太胖了
    C 太丑了
    D 太小气了

87. A 很多留学生喜欢
    B 所有人都喜欢
    C 偏油偏辣
    D 具有中国特色

88. A 黄沙满天飞
    B 容易让人过敏
    C 柳絮满天飞
    D 多雨湿润

89. A 担心路上堵车
    B 明天要加班
    C 明天下雪
    D 担心高速公路堵车

90. A 看网球赛喊哑了
    B 看篮球赛喊哑了
    C 吹喇叭吹坏了
    D 生病嗓子哑了

정답과 듣기 스크립트는 부록에서 확인할 수 있습니다.
해설은 해설집 PDF 2p에 있습니다.

1 문제풀이 가이드

듣기 영역 제2부분의 서술형 듣기 문제는 총 15문항으로 구성되어 있다. 짧은 서술형 내용을 들려주고 2~3개의 관련된 질문이 이어지며, 4개의 선택 항목에서 알맞은 답을 고르는 유형이다. 모두 6개의 서술형 내용이 나오며, 이야기, 설명문, 논설문 등 다양한 유형의 내용을 들려준다.

> ★ 문제풀이 포인트
> ① 말하는 사람의 목적이나 태도를 파악한다.
> ② 듣기 녹음 내용에 근거해서 추리·판단한다.
> ③ 함정이 되는 부분을 먼저 제거하고, 문장 속 주요 정보나 중요한 세부 내용을 파악한다.

2 문제풀이 테크닉

1. 먼저 주어진 선택 항목의 내용을 보고 녹음 내용을 유추한다. 녹음을 들으면서 선택 항목의 내용을 확인하고 빠르게 답을 찾아 체크하여 시간을 지체하지 않도록 주의해야 한다.

예제

1. A 搬走桌子 테이블을 옮긴다
   B 责备孩子 아이를 책망한다
   C 伸手打桌子 손을 뻗어 테이블을 때린다
   D 看孩子是否受伤 아이가 다쳤는지 살핀다

2. A 给孩子讲故事 아이에게 이야기를 해준다
   B 帮孩子分析原因 아이가 원인을 분석하도록 돕는다
   C 告诉孩子要坚强 아이에게 강해지라고 말한다
   D 让孩子把桌子擦干净 아이에게 테이블을 깨끗이 닦도록 시킨다

3. A 虚心学习 겸손하게 공부하기
   B 耐心思考 참을성 있게 생각하기
   C 乐观面对失败 실패를 낙관적으로 직면하기
   D 勇于承担责任 용감하게 책임지기

　　两个孩子不小心撞到了桌子，大哭起来。第一位母亲立即[1]伸手打桌子，然后哄孩子说：“乖，别哭。”第二位母亲则启发孩子：“[2]人会撞上桌子，一般有三个原因，一是跑得太快，二是不注意看路，三是在想别的事情。你刚才是因为什么呢？”

　　桌子不会主动撞人，伸手打桌子就等于告诉孩子，那不是你的错。在这种教育方式下长大的孩子，遇事容易推卸责任。而第二位母亲则是在教育孩子，出错了应该从自身找原因，[3]要勇敢地承担责任，不要一味地指责别人。

1. 孩子撞到桌子后，第一位母亲做了什么？
2. 第二位母亲是怎么做的？
3. 第二位母亲实际上是教育孩子要怎么样？

　　두 아이가 부주의하여 테이블에 부딪혀서 울음을 터뜨렸다. 첫 번째 엄마는 [1]손을 뻗어 테이블을 때리며 아이를 달랬다. “착하지. 울지 마.” 두 번째 엄마는 반대로 아이에게 영감을 주었다. “[2]사람이 테이블에 부딪히게 되는데는 보통 세 가지 원인이 있는데, 하나는 너무 빨리 뛰어서 그렇고, 다른 하나는 길을 잘 보지 않아서야. 마지막은 다른 생각을 하고 있었던 거고. 너는 무슨 이유였니?”

　　테이블이 스스로 사람을 칠 수는 없다. 손을 뻗어 테이블을 때리는 것은 아이에게 그건 너의 잘못이 아니라고 말하는 것과 같다. 이런 교육 방식에서 자란 아이는 일이 발생하면 쉽게 책임을 전가한다. 그러나 두 번째 엄마는 반대로 실수를 했다면 자신에게서 원인을 찾고 [3]용감하게 책임을 져야하며, 다른 사람을 탓하지 말라고 가르치고 있다.

1. 아이가 테이블에 부딪혔을 때, 첫 번째 엄마는 어떻게 했습니까?
2. 두 번째 엄마는 어떻게 했습니까?
3. 두 번째 엄마는 사실상 아이가 어떻게 하도록 가르치고 있습니까?

 1. C　　2. B　　3. D

해설 1. 녹음에 나오는 두 명의 엄마가 한 행동을 구분하여 들어야 한다. 선택 항목 중 녹음 앞 부분에 '伸手打桌子(손을 뻗어 테이블을 때리다)'가 나오므로 C가 정답이다.

2. 두 번째 엄마가 '人会撞上桌子，一般有三个原因(사람이 테이블에 부딪히게 되는데는 보통 세 가지 원인이 있다)'이라고 한 말에서 B가 정답이라는 것을 유추할 수 있다.

3. 이야기의 중점이나 주제는 주로 처음이나 마지막에 나온다. 녹음 마지막에 '要勇敢地承担责任(용감하게 책임을 져야 한다)'이 선택 항목 D의 내용과 일치하므로 정답은 D이다.

2. 대부분 서술형 내용의 전개는 서론, 본론, 결론으로 구성된다. 선택 항목에 나오는 어휘나 표현을 참고하면서 녹음 내용의 주요 표현과 흐름을 파악한다.

- 서론: 화제나 논점을 제기
- 본론: 화제나 논점에 대한 설명이나 풀이
- 결론: 사건이나 논점을 총괄

예제

1. A 很有效 효과가 있다
   B 作用不大 작용이 크지 않다
   C 很多人反对 많은 사람들이 반대한다
   D 垃圾更多了 쓰레기가 더 많아졌다

2. A 一个笑话 우스운 이야기 하나
   B 一句谢谢 감사의 한 마디
   C 一个玩具 장난감 하나
   D 一份报纸 신문 한 부

3. A 很受欢迎 인기가 많다
   B 很不干净 깨끗하지 않다
   C 价值50元 가치는 50위안이다
   D 每周换一次 매주 한 번씩 바꾼다

듣기 내용

　　有个城市为解决垃圾问题而买了许多垃圾桶，但是由于人们不愿意使用垃圾桶，乱扔垃圾的现象仍然十分严重。这个城市为此尝试了许多解决办法。

　　第一个办法是：[1]把对乱扔垃圾的人的罚金从二十五元提高到五十元。实行后，收效不大。第二个办法是：增加街道巡逻人员的人数，效果也不明显。后来，有人在垃圾桶上做文章：设计了一个电动垃圾桶，桶上装有一个感应器，每当垃圾丢进桶内时，感应器就会感应到，然后[2]会打开录音机，播放一则故事或笑话，其内容每两周换一次。

　　这个设计[3]大受欢迎，结果所有的人不论距离远近，都把垃圾丢进垃圾桶里，城市因此变得干净起来。这个城市终于找到了最理想的解决垃圾问题的办法。

1. 提高罚金以后，结果怎么样？
2. 把垃圾丢进电动垃圾桶后，可能会得到什么？
3. 关于这种电动垃圾桶，可以知道什么？

어떤 도시는 쓰레기 문제를 해결하기 위해 많은 쓰레기통을 샀지만, 사람들이 쓰레기통을 사용하기를 원하지 않기 때문에 쓰레기를 함부로 버리는 현상은 여전히 매우 심각했다. 이 도시는 이를 위해 많은 해결 방법을 시도했다.

첫 번째 방법은 [1]쓰레기를 함부로 버리는 사람에 대한 벌금을 25위안에서 50위안으로 올리는 것이다. 실행한 후에 효과는 크지 않았다. 두 번째 방법인 거리 순찰 인원을 늘리는 것도 효과가 뚜렷하지 않았다. 나중에 어떤 사람이 쓰레기통에 글을 썼다: 전기 쓰레기통을 하나 설계했습니다. 통에 센서가 설치되어 있어 쓰레기가 통에 버려질 때마다 센서가 감지를 한 뒤 [2]녹음기가 켜져 이야기나 농담을 방송합니다. 그 내용은 2주에 한 번씩 바뀝니다.

이 구상은 [3]큰 인기를 얻었고, 그 결과 모든 사람들이 거리가 멀든 가깝든 상관없이 쓰레기를 쓰레기통에 버려 도시가 깨끗해졌다. 이 도시는 마침내 쓰레기 문제를 해결하는 가장 이상적인 방법을 찾았다.

1. 벌금을 올린 후에 결과는 어땠습니까?
2. 쓰레기를 전기 쓰레기통에 버리면 무엇을 얻을 수 있습니까?
3. 이 전기 쓰레기통에 대해 무엇을 알 수 있습니까?

정답 1. B   2. A   3. A

해설 1. 녹음 앞부분에서 이 도시가 쓰레기 문제를 해결하기 위해 여러 가지 방법을 시도했음을 말하고, 이어서 각각의 방법과 그 효과를 서술했다. 그중 첫 번째 방법이 벌금을 높이는 것이었으나 '实行后，收效不大(실행한 후 효과는 크지 않았다)'라고 했으므로 B가 적합하다.

2. 세 번째 방법에서 쓰레기통에 쓰레기를 버리면 통 안에 있는 센서가 작동하여 '会打开录音机，播放一则故事或笑话(녹음기가 켜져 이야기나 농담을 방송한다)'라고 했으므로 A가 정답이다.

3. 녹음 마지막에 전기 쓰레기통의 효과가 '大受欢迎(큰 인기를 얻다)'이라고 했으므로 A가 정답이다.

3. 문장의 요점, 주제를 구하는 문제는 처음이나 끝 부분에 주목한다.

주제를 더욱 부각시키기 위해 종종 반어문을 이용하여 긍정형이 부정의 의미를, 부정형이 긍정의 의미를 강조하기도 하므로, 이러한 강조 용법에 주의한다.

예제

1. A 视力不好 시력이 안 좋다
   B 常上当受骗 늘 속아 넘어간다
   C 觉得自己太穷 자신이 너무 가난하다고 느낀다
   D 没有稳定工作 안정적인 직업이 없다

2. A 银矿 은광
   B 黄金 황금

C 百万支票 백만 수표

D 宝石项链 보석 목걸이

3. A 要懂得满足 만족할 줄 알아야 한다

B 要爱惜身体 몸을 아껴야 한다

C 理想应符合实际 이상은 실제에 부합해야 한다

D 要学会赞美别人 다른 사람을 칭찬하는 법을 배워야 한다

듣기 내용

^{1}有个年轻人一直抱怨自己太穷，整天闷闷不乐。一天，有位老人问他："小伙子，你已经拥有最宝贵的财富了，为什么还不满足呢？"年轻人摇着头说："我身无分文，哪儿有什么财产？""如果我给你数不尽的宝贝，你愿意把眼睛换给我吗？""不，我不换，没了眼睛我怎么看东西啊？""^{2}那把你的手给我，我赔你一袋黄金呢？""不，我的手也不能换！"

老人听后笑着说："有眼睛，你就能欣赏美丽的风景；有双手，你就可以体会劳动的快乐。这些不都是你拥有的宝贵财产吗？"

其实，我们每个人都很富有。^{3}懂得满足，珍惜自己所拥有的，才能体会到快乐。

1. 年轻人为什么总是不高兴？

2. 那位老人想用什么换年轻人的双手？

3. 这段话主要想告诉我们什么？

^{1}한 젊은이가 자신이 너무 가난한 것을 줄곧 원망하며 온종일 우울해했다. 어느 날, 어떤 노인이 그에게 물었다. "젊은이, 당신은 이미 가장 귀중한 부를 가지고 있는데, 왜 여전히 만족하지 않는 거요?" 젊은이는 고개를 저으며 말했다. "저는 무일푼인데, 무슨 재산이 있겠어요?" "만약 내가 자네에게 셀 수 없는 보배를 준다면, 자네는 나에게 눈을 바꾸어 줄 수 있겠소?" "아니요, 바꾸지 않을래요. 눈이 없으면 어떻게 봅니까?" "^{2}그럼 자네의 손을 나에게 주고 내가 자네에게 황금 한 상자를 배상하면 어떻겠소?" "아니요, 손도 바꿀 수 없어요!"

노인은 이를 듣고 웃으며 말했다. "눈이 있으면 아름다운 풍경을 감상할 수 있고, 두 손이 있으면 노동의 즐거움을 느낄 수 있소. 이것들은 모두 당신이 가진 귀중한 재산이 아니겠소?"

사실 우리는 모두 부유하다. ^{3}만족할 줄 알고 자신이 가진 것을 소중히 여겨야 비로소 즐거움을 느낄 수 있다.

1. 젊은이는 왜 항상 기쁘지 않습니까?

2. 그 노인은 무엇으로 젊은이의 두 손과 바꾸고 싶어 했습니까?

3. 이 글이 우리에게 말하고자 하는 것은 무엇입니까?

정답 1. C 2. B 3. A

해설 1. 녹음 첫 번째 문장에서 바로 답을 찾을 수 있다. '有个年轻人一直抱怨自己太穷(한 젊은이가 자신이 너무 가난한 것을 줄곧 원망했다)'이라는 말에서 C가 정답임을 알 수 있다.

2. '那把你的手给我，我赔你一袋黄金呢? (그럼 자네의 손을 나에게 주고, 내가 자네에게 황금 한 상자를 배상하면 어떻겠소?)'에서 알 수 있듯이 노인은 황금과 젊은이의 손을 바꾸려고 했으므로 정답은 B이다.

3. 주제를 고르는 문제는 첫 번째나 마지막 부분을 주목해야 한다. 마지막에 언급한 '懂得满足(만족할 줄 알다)'가 녹음 내용의 주제이므로 정답은 A이다.

4. 숫자와 관련된 가감 연산과 비교문의 비교 대상에 주의한다.

비교 문장에서 비교 대상을 정확히 파악하고, 晚, 高, 低, 多, 少, 贵, 便宜 등에 집중해서 듣는다.

예제

1. A 中国 중국
   B 阿拉伯 아랍
   C 欧洲 유럽
   D 美国 미국

2. A 是足球运动的第一个文字形式的规则 축구의 첫 번째 문자 형식의 규칙이다
   B 是剑桥大学制定的 케임브리지 대학에서 제정한 것이다
   C 产生于18世纪 18세기에 만들어졌다
   D 是牛津大学制定的 옥스포드 대학에서 제정한 것이다

3. A 9个 9명
   B 10个 10명
   C 11个 11명
   D 12个 12명

듣기 내용

足球运动是一项古老的体育活动，历史悠久。[1]中国古代的蹴鞠游戏经阿拉伯人传到欧洲后，逐渐发展成为现代足球。直到1848年，[2]足球运动的第一个文字形式的规则《剑桥规则》才产生。

所谓的《剑桥规则》，其实是19世纪早期牛津大学和剑桥大学之间进行比赛时制定的一些规则。在现代足球的规则中，为什么每队只允许11个人上场呢? 原来，当时在学校里每间宿舍[3]有10个学生和一位教师，所以他们就以每方11人为标准来进行宿舍与宿舍之间的比赛。

1. 现代足球起源于哪里?
2. 关于《剑桥规则》，表述正确的是下列哪一项?
3. 制定足球规则时，每个宿舍有多少个学生?

축구는 오래된 체육 활동으로 역사가 유구하다. [1]중국 고대의 축국놀이는 아랍인을 거쳐 유럽으로 전해진 후 현대 축구로 점차 발전했다. 1848년에 이르러서야 [2]축구의 첫 번째 문자 형식의 규칙 《케임브리지 규칙》이 생겨났다.

이른바 《케임브리지 규칙》은 사실 19세기 초 옥스포드 대학과 케임브리지 대학 간에 경기를 진행할 때 제정한 규칙들이다. 현대 축구의 규칙에서 왜 팀당 11명만 출전할 수 있는가? 알고 보니 당시 학교에는 기숙사 한 칸에 [3]10명의 학생과 1명의 교사가 있었기 때문에, 그들은 각 11명을 기준으로 기숙사와 기숙사 간의 경기를 진행했다.

1. 현대 축구는 어디에서 기원했습니까?
2. 《케임브리지 규칙》에 관하여 정확하게 기술한 것은 어느 것입니까?
3. 축구 규칙을 제정했을 때, 기숙사마다 몇 명의 학생이 있었습니까?

정답) 1. A   2. A   3. B

해설) 1. '中国古代的蹴鞠游戏经阿拉伯人传到欧洲后，逐渐发展成为现代足球(중국 고대의 축국놀이는 아랍인을 거쳐 유럽으로 전해진 후 현대 축구로 점차 발전했다)'에서 현대 축구가 중국에서 기원했음을 알 수 있다.

2. '足球运动的第一个文字形式的规则《剑桥规则》才产生(축구의 첫 번째 문자 형식의 규칙 《케임브리지 규칙》이 생겨났다)'을 근거로 정답은 A이다.

3. '有10个学生和一位教师(10명의 학생과 1명의 교사가 있었다)'라는 말에서 B가 정답임을 알 수 있다.

③ **연습문제** 45문항

서술형 지문은 다양한 분야에 관한 내용으로 정보량이 방대하고, 문장의 길이도 비교적 길다. 풀이 테크닉을 적용하여 연습문제를 모두 풀어본 후, 듣기 지문과 정답을 확인하여 정확히 이해하고 넘어갈 수 있도록 하자.

第1—45题：请选出正确答案。

1. A 正月初一
   B 五月四日
   C 七月初七
   D 八月十五

2. A 白天
   B 中午
   C 傍晚
   D 晚上

3. A 小孩
   B 老人
   C 情人
   D 女人

4. A 热情
   B 轻视
   C 尴尬
   D 冷淡

5. A 画家很礼貌
   B 画家喜欢那个售货员
   C 售货员偶尔不开心
   D 朋友很高兴

6. A 要保持积极的心态
   B 要学会体谅别人
   C 要乐于助人
   D 要坚持自己的做法

7. A 很普遍
   B 价格便宜
   C 比较安全
   D 噪音大

8. A 价格便宜
   B 时间短
   C 有活动空间
   D 风景好

9. A 节省时间
   B 目的地多
   C 费用昂贵
   D 不提供食物

10. A 是中国人发明的
    B 欧洲水平最高
    C 中国人最爱打
    D 有几百年历史

11. A 中国人
    B 英国人
    C 美国人
    D 日本人

12. A 羽毛球
    B 篮球
    C 排球
    D 网球

13. A 他知道答案
    B 同学叫他举手
    C 他怕被人嘲笑
    D 他想提问

14. A 很生气
    B 看不起他
    C 觉得可笑
    D 想帮助他

15. A 勤奋努力
    B 爱提问题
    C 诚实勇敢
    D 找到自信

16. A 没有银行
    B 没有书店
    C 没有钱
    D 没有人民币

17. A 银行信息
    B 旅游信息
    C 书店信息
    D 机场信息

18. A 上海的金融中心
    B 改革开放的象征
    C 现代化建设的缩影
    D 位于上海陆家嘴

19. A 外白渡桥
    B 东方明珠
    C 外滩
    D 黄浦江畔

20. A 2008年
    B 2009年
    C 2015年
    D 2016年

21. A 现在出国很容易
    B 要为亲戚朋友带礼物
    C 国外奢侈品价格低于国内
    D 本身消费能力强

22. A 先天营养
    B 早期教育
    C 教育环境
    D 金钥匙

23. A 加强早期教育
    B 完善教育体系
    C 重视遗传作用
    D 重视婴儿营养

24. A 扫坟节
    B 鬼节
    C 中元节
    D 冥节

25. A 扫墓
    B 看花灯
    C 赛龙舟
    D 吃饺子

26. A 上元节、中元节、下元节
    B 上元节、清明节、中元节
    C 中元节、清明节、下元节
    D 上元节、清明节、下元节

27. A 是每年阴历的4月4日或5日
    B 2009年被确定为法定节假日
    C 习俗丰富有趣
    D 这一天不能有体育活动

28. A 中国
    B 阿拉伯
    C 欧洲
    D 美国

29. A 足球运动的第一个文字形式的规则
    B 是剑桥大学制定的
    C 产生于18世纪
    D 是牛津大学制定的

30. A 9个
    B 10个
    C 11个
    D 12个

31. A 刷毛变干净
    B 让刷毛变硬
    C 更方便刷牙
    D 不伤害牙龈

32. A 有牙周病的人
    B 没有牙周病的人
    C 小孩子
    D 老年人

33. A 10月
    B 11月
    C 12月
    D 1月

34. A 避风条件好
    B 日照时间长
    C 降雨量大
    D 温度湿度合适

35. A 春季
    B 夏季
    C 秋季
    D 冬季

36. A 不要见阳光
    B 用凉水洗脸
    C 到正规医院治疗
    D 关闭门窗避免接触花粉

37. A 多吃高蛋白食物
    B 多吃鱼虾等食物
    C 少吃刺激性食品
    D 少吃生的蔬果

38. A 金属垃圾
    B 资源垃圾
    C 纸张垃圾
    D 玻璃垃圾

39. A 周一上午
    B 周二上午
    C 周三上午
    D 周六上午

40. A 垃圾车
    B 垃圾站
    C 垃圾处理厂
    D 垃圾回收厂

41. A 同时使用
    B 互相校准
    C 扔掉其中一只
    D 选择一只为标准

42. A 不能两个人同时管理
    B 不能同时管理两个人
    C 不能同时有两个目标
    D 不能同时管理两个组织

43. A 对方的力量
    B 对方的个性
    C 对方的相貌
    D 对方的职业

44. A 很冷的时候
    B 生病的时候
    C 不开心的时候
    D 关系亲近的时候

45. A 握手跟交际无关
B 表示热情应该用力握手
C 握手时应该集中精神
D 握手不可以上下摇晃

2. 독해 📖

독해 영역은 3개의 부분으로 구성되어 있다. 제1부분은 지문의 빈칸에 들어갈 알맞은 어휘를 고르는 유형이다. 제2부분은 지문의 내용과 일치하는 것을 고르는 유형이고, 마지막 제3부분은 지문과 관련된 질문에 알맞은 답을 고르는 유형이다. 독해 영역은 글자 수가 많고 정보량도 많으므로 다음의 문제 풀이 순서를 참고해 보자.

① 먼저 주어진 선택 항목의 내용을 파악하고 지문의 내용과 비교하며 핵심이 되는 부분을 체크한다.

② 지문 전체를 대략 훑어보면서 어떤 유형의 내용인지를 파악하고, 첫 문장이나 마지막 문장 등을 중점으로 하여 주요 문장의 위치에 주의한다.

③ 선택 항목 내용의 순서는 지문의 내용 흐름과 대체적으로 일치한다. 이런 특징을 이용하여 정보를 빠르게 찾아낸다.

④ 글의 전개 방식은 대부분 '처음(서론)–중간(본론)–끝(결론)'으로 이루어지므로, 이를 고려하며, 글의 전반적인 내용을 이해하고 파악할 수 있어야 한다.

- 처음(서론): 문제(논제) 제기나 주제가 제시된다.
- 중간(본론): 앞에서 언급한 문제를 좀 더 상세하게 설명한다.
- 끝(결론): 첫 문장이나 마지막 문장에 논점을 총괄하고 그 외에 의견을 요약정리한다.

제1부분 빈칸에 들어갈 알맞은 어휘 고르기

1 문제풀이 가이드

독해 영역 제1부분은 4개의 짧은 독해 지문이 제시되며, 각 지문에 3~4개의 빈칸이 주어진다. 선택 항목에서 빈칸에 알맞은 어휘나 문장을 고르는 문제로 총 15문항이다.

一位朋友劝他，"任何事都有两面性，你不如换个＿＿＿看看，也许能变废为宝。"

한 친구가 그를 설득하며 말했다. "어떤 일이든 양면성이 있어. 너는 ＿＿＿을 달리해서 봐봐. 어쩌면 쓸모 없는 것도 보석이 될 수 있어."

A 步骤 단계　　　B 原则 원칙　　　C 角度 관점　　　D 规矩 규칙

빈칸의 앞뒤를 보고 선택 항목에 주어진 단어들을 보면 빈칸에 명사가 들어가는 것을 알 수 있다. 문맥상 생각이나 관점을 바꿔서 바라보라는 의미를 나타내므로 C 角度(관점)가 알맞다.

제1부분은 다양한 내용으로 연습함으로써 어휘 간의 고정 격식을 익혀 중국어 표현을 폭넓게 활용하는 능력을 기를 수 있다. 어휘 활용이란, 어휘의 기본적인 의미를 이해할 뿐만 아니라, 어휘의 사용법을 완벽하게 숙지하고 있음을 의미한다. HSK 어휘는 명사, 동사, 형용사, 대사, 수사, 양사, 부사, 접속사, 개사, 감탄사 등으로 나뉘는데, 그 중에서 사용 빈도가 가장 높은 것은 명사, 동사, 형용사, 양사이다.

명사는 주로 장소 명사, 방위 명사, 시간 명사, 인칭대명사 등이 있다. 제1부분의 문제를 풀 때는 어휘를 판별하고 분석하는 것이 무엇보다 중요하다. 따라서 많은 어휘를 알아야 하며, 이와 동시에 어휘를 정확하게 활용할 수 있어야 한다.

독
해

2 문제풀이 테크닉

1. 선택 항목에 주어진 어휘 간의 차이를 비교해야 한다.

어휘 간의 의미의 경중, 범위의 크기, 고정 결합 및 감정 색채 등 꼼꼼하게 비교한다. 앞뒤 문맥을 빠르게 훑어보고, 빈칸에 들어갈 어휘의 품사 및 뜻을 파악한다. 예를 들어, 품사가 같더라도 사용법은 다를 수 있다.

❶ 자동사: 목적어를 수반할 수 없다.

예　在我的记忆中渐渐消失了。　내 기억 속에서 점점 사라졌다.

❷ 타동사: 목적어를 수반할 수 있다.

예　消灭害虫。　해충을 박멸하다.

또한 같은 형용사라도 어떤 형용사는 단지 사람만 묘사하고, 어떤 형용사는 사물만 묘사하는가 하면, 어떤 형용사는 둘 다 묘사할 수 있다.

2. 소거법을 이용해서 적합하지 않은 대상을 제거하며, 쉬운 부분을 먼저 풀고 어려운 부분을 나중에 해결한다.

3. 어휘 간의 고정 결합 및 고정 격식을 통해 정답을 빠르게 찾을 수 있다.

예　放鞭炮　폭죽을 터트리다

連……都/也……　~조차도 / ~까지도

一……就……　~하자마자 ~하다, ~하기만 하면 ~하다

给……留下印象　~에게 인상을 남기다

이러한 어휘들의 결합과 격식은 고정적이다. 따라서 결합 관계를 숙지해야 하며, 의미, 용법 및 사용 환경까지 이해하는 동시에 관련된 어법 지식까지 완벽하게 마스터해야 한다. 문제를 풀고 난 후에는 문장이 매끄럽게 읽히는지 다시 한번 확인해야 한다.

发挥作用 역할/작용을 발휘하다	缓解压力 스트레스를 완화하다	充满活力 활력이 넘치다
享受美食 미식을 즐기다	珍惜时间 시간을 소중히 여기다	掌握技术 기술을 마스터하다
发生意外 뜻밖의 사고가 발생하다	欣赏景色 경치를 감상하다	承担责任 책임을 지다
发表意见 의견을 발표하다	采取措施 조치를 취하다	投入精力 에너지를 쏟다
失去信心 자신감을 잃다	缺乏锻炼 운동이 부족하다	吸取教训 교훈을 받아들이다
遵守规则 규칙을 준수하다	缩短距离 거리를 단축하다	投入资金 자금을 투자하다
征求意见 의견을 구하다	保持沉默 침묵을 지키다	从事行业 직업에 종사하다

예제 1

　　提起川菜，相信多数人的眼前都会___1___出食客们被辣得汗流浃背的情景，而"麻、辣、油腻、味重"也是食客们对川菜的___2___评价。作为全国最有___3___的菜系之一，川菜当然也是餐饮市场的主角。

1. A 出现　　　　　B 发现　　　　　C 浮现　　　　　D 看见
2. A 一共　　　　　B 一致　　　　　C 一起　　　　　D 一样
3. A 特色　　　　　B 特性　　　　　C 特别　　　　　D 个性

　　쓰촨 음식 이야기를 하면 식객들이 매운 맛 때문에 땀을 흘리는 광경을 눈앞에 ___1___. 그리고 '얼얼하다, 맵다, 기름지다, 맛이 강하다' 또한 식객들이 쓰촨 음식에 관한 ___2___ 평가임을 알 수 있다. 전국에서 가장 ___3___ 있는 요리 중 하나로 쓰촨 음식은 당연히 외식 시장에서도 주역이다.

1. A 나타나다　　　　B 발견하다　　　　C 떠오르다　　　　D 보이다
2. A 전부　　　　　　B 일치하다　　　　C 함께　　　　　　D 똑같다
3. A 특색　　　　　　B 특성　　　　　　C 특별하다　　　　D 개성

정답 1. C　　2. B　　3. A

해설 1. 빈칸에 들어갈 어휘가 동사라면 목적어를 보고 이와 결합하는 동사를 찾아야 한다. '情景(정경, 광경)'은 실제 존재하는 것이 아닌 대상이고, A, B, D는 실제적인 사물이나 내용과 연결되는 동사이므로 답은 C가 된다.

2. 식객들의 '川菜'에 대한 평가가 '일치한다'라는 의미여야 한다. '一共'은 숫자의 합을 나타내고, '一起' 역시 의미상 부합하지 않는다. '一样'은 '跟……一样' 형식의 고정형식으로 나온다. 따라서 '评价(평가, 평가하다)'와 결합하여 쓸 수 있는 것은 '一致'이다.

3. 빈칸의 위치가 '有' 뒤에 들어가는 명사를 고르는 문제이다. 먼저 명사가 아닌 것부터 제거한다. '特别'는 부사나 형용사로 쓰인다. '个性'은 사람에게만 사용되는 명사이다. '特性'은 사람 혹은 사물의 특별한 성질을 나타낸다. '特色'는 사물의 독특한 색채, 풍경 등에 사용된다. 이 중 '特色'만이 '有'의 목적어로 자주 결합되어 사용되므로 답은 A이다.

예제 2

中国上古神话传说中说，创世女神女娲是华夏民族的始祖，是福佑社稷的正神。相传女娲捏土造人，使天地不再沉寂，因此被称为大地之母。她是一位美丽的女神，__1__ 像蛇一样苗条，以至有些神话学家坚称她就是蛇身。

女娲补天的故事和女娲造人的故事一样，在中国都是家喻户晓的。女娲补天是一个很 __2__ 的传说。四大名著之一《红楼梦》的第一回就引用了这个故事。

中国古代的神话传说人物，很多都有其原型，原型多是远古时期为人类做过重大 __3__ 的部落群体和首领。后人为了纪念他们的功绩，__4__ 。

1. A 长相　　　　　B 身材　　　　　C 体重　　　　　D 身高
2. A 重要　　　　　B 整齐　　　　　C 著名　　　　　D 糟糕
3. A 成就　　　　　B 收获　　　　　C 经验　　　　　D 贡献
4. A 而将其编成神话　　　　　　　　B 如果将其编成神话
　　C 即使将其编成神话　　　　　　　D 至于将其编成神话

중국 상고시대 신화에 의하면 창세의 여신 여와는 화하 민족의 시조이며 땅과 곡식을 보우하는 신이라고 한다. 전하는 바에 의하면, 여와가 흙을 빚어 사람을 만들었고 천지를 더 이상 고요하지 않게 했기 때문에 대지의 어머니라고 불리었다. 그녀는 아름다운 여신으로 __1__ 뱀처럼 날씬해서 일부 신화학자들은 그녀가 뱀의 몸이라고 굳게 주장한다.

여와가 하늘의 구멍을 메운 이야기는 여와가 사람을 만든 이야기와 마찬가지로 중국에서는 누구나 다 알고 있다. 여와가 하늘의 구멍을 메운 이야기는 매우 __2__ 전설이다. 4대 명작 중 하나인 《홍루몽》의 첫 회에서 이 이야기를 인용하였다.

중국 고대의 신화와 전설의 인물은 대부분 그 원형을 가지고 있고, 원형은 대부분 원고시대에 인류를 위해 중대한 __3__ 을 한 부락 단체와 지도자이다. 후세 사람들은 그들의 공적을 기념하기 위해 __4__ .

1. A 생김새　　　　B 몸매　　　　　C 몸무게　　　　D 키
2. A 중요하다　　　B 가지런하다　　C 유명하다　　　D 엉망이다
3. A 성과　　　　　B 수확　　　　　C 경험　　　　　D 공헌
4. A 그것을 신화로 엮었다　　　　　　B 만약 그것을 신화로 엮는다면
　　C 설령 그것을 신화로 엮는다 할지라도　　D 그것을 신화로 엮는 것에 대해

정답 1. B　　2. C　　3. D　　4. A

해설 1. 빈칸 뒤 '苗条(날씬하다)'와 함께 결합하여 쓰일 수 있는 어휘는 B 身材(몸매) 밖에 없다.

2. 빈칸 뒤에 오는 명사 '传说(전설)'를 수식하는 알맞은 단어를 찾아야 한다. C 著名(유명하다)을 제외한 나머지 어휘는 '传说'와 어울리지 않는다.

3. 빈칸 앞의 내용 '为人类做过重大(인류를 위해 중대한)'는 '为……做贡献(~을 위해서 공헌하다)'의 결합 문형을 이용해서 알맞은 어휘를 찾을 수 있다. 다른 어휘들은 결합되지 않으므로 쉽게 제거되어 답은 D가 된다.

4. 빈칸 앞에 '为了纪念他们的功绩(그들의 공적을 기념하기 위해)' 내용 뒤에는 접속 관계를 나타내는 '而'이 나오는 것이 문맥상 자연스럽다. 따라서 답은 A이다.

memo

3 **연습문제** 45문항

빈칸 앞뒤의 문맥을 살피고 고정 결합의 표현들을 주의 깊게 보자. 선택 항목의 어휘들을 비교하면서 답을 찾는 연습을 해보자.

第1-45题：请选出正确答案。

1-3.

　　提起川菜，相信多数人的眼前都会___1___出食客们被辣得汗流浃背的情景，而"麻、辣、油腻、味重"也是食客们对川菜的___2___评价。作为全国最有___3___的菜系之一，川菜当然也是餐饮市场的主角。

1. A 出现　　　　　　B 发现　　　　　　C 浮现　　　　　　D 看见

2. A 一共　　　　　　B 一致　　　　　　C 一起　　　　　　D 一样

3. A 特色　　　　　　B 特性　　　　　　C 特别　　　　　　D 个性

4-7.

　　年轻人舍得花钱。游乐场、电影院、酒吧、网吧等娱乐场所都能看到他们的___4___。他们最大的特点就是___5___旺盛，所以打球、游泳、健身什么的也是他们的休闲方式。老年人一般靠退休金生活，但他们有的是时间。如果你去公园，就能看到那里每天都___6___着很多老人，他们有的在下棋，有的在唱京剧，___7___。

4. A 生活　　　　　　B 身体　　　　　　C 影响　　　　　　D 身影

5. A 精力　　　　　　B 情绪　　　　　　C 力气　　　　　　D 气氛

6. A 移民　　　　　　B 约会　　　　　　C 聚集　　　　　　D 参加

7. A 有的在跳舞，还有的在打太极拳　　　B 他们喜欢在公园玩儿
　　C 年轻人就不太喜欢下棋、唱京剧　　　D 还有很多选择在家享受生活

8－11.

　　光污染严重干扰着＿＿8＿＿。数百万年来，地球上的一切生物都是在自然光的
＿＿9＿＿下生长繁殖的，现在的照明对自然界是一种非常严重的干扰。科学家发现，
一只小型广告灯箱一年可以杀死约35万只昆虫。长此下去，很可能会严重＿＿10＿＿
昆虫世界的多样性。因为昆虫是大自然食物链上的一个重要环节，比如说鸟类和蝙
蝠，就是以昆虫为主要食物的。许多植物也是靠昆虫来传授花粉的。＿＿11＿＿，必
将导致严重的生态灾难。

8.　A 生态　　　　　B 生命　　　　　C 生活　　　　　D 生物

9.　A 角色　　　　　B 作用　　　　　C 情况　　　　　D 状态

10.　A 危险　　　　　B 促进　　　　　C 促使　　　　　D 危及

11.　A 如果植物不能传授花粉　　　　B 昆虫对植物非常重要
　　　C 鸟类和蝙蝠不断增多　　　　　D 如果没有了昆虫

12－15.

　　传说中国历史上有一年发生了大水灾，舜就派大禹去治水。大禹日夜工作，别
说休息，就是吃饭、睡觉也舍不得＿＿12＿＿时间。有一次，大禹饿极了，就架起锅
煮肉。肉做好了，可是因为烫手，没有办法用手抓着吃。大禹不想等锅冷下来，白
白浪费时间，就砍下两根树枝，把肉从热汤中夹出，吃了起来。从此，大禹总是用
两根细棍从热锅中夹取食物，他觉得这样可以＿＿13＿＿不少时间。慢慢地，大禹就
熟练＿＿14＿＿了用两根细棍夹取食物的技巧。人们见他这样吃饭，既不烫手，又不
会把手弄脏，于是也像他那样吃起饭来，＿＿15＿＿。

12.　A 耽误　　　　　B 把握　　　　　C 珍惜　　　　　D 消费

13.　A 浪费　　　　　B 控制　　　　　C 节约　　　　　D 利用

14.　A 了解　　　　　B 掌握　　　　　C 熟悉　　　　　D 丰富

15.　A 筷子就这样产生了　　　　　　B 这样吃饭非常方便
　　　C 以后就再也没有发生过烫手的事情了　D 大禹也非常高兴

16-18.

　　位于中国西南部的昆明滇池国家旅游度假区内，建有8个少数民族村寨。__16__傣族、白族、纳西族等少数民族。他们在生活方式、民俗风情等方面__17__有特点，每个民族的古老文化都令游人惊叹不已。这个地方气候宜人，四季如春，再加上有现代化的旅游、__18__设施，因而是个休闲度假的好去处。

16. A 含着　　　　　B 包括　　　　　C 包围　　　　　D 含有

17. A 各　　　　　　B 别　　　　　　C 每　　　　　　D 个

18. A 通信　　　　　B 信息　　　　　C 讯息　　　　　D 交流

독
해

19-22.

　　在一个村庄里，住着一位老人，村里人有什么问题都来问他。有一天，一个聪明又调皮的孩子想要__19__难住那位老人。他抓了一只小鸟，握在手中，跑去问老人："老爷爷，听说您是最有__20__的人，不过我不相信。如果您能猜对我手中的鸟是活的还是死的，我就相信。"

　　老人注视着小孩__21__的眼睛，心里明白：如果他回答小鸟是活的，小孩会偷偷用力把小鸟弄死；如果他回答小鸟是死的，小孩就会张开手让小鸟飞走。老人拍了拍小孩的肩膀笑着说："__22__，就全看你的了！"

19. A 居心　　　　　B 故意　　　　　C 有心　　　　　D 用意

20. A 智慧　　　　　B 聪明　　　　　C 聪慧　　　　　D 智力

21. A 骄傲　　　　　B 小气　　　　　C 亲切　　　　　D 狡猾

22. A 这只小鸟的死活　　　　　　　　B 这只小鸟是死的
　　 C 这只小鸟是活的　　　　　　　　D 我猜不到小鸟的死活

23－26.

　　狮子睡着了，有只老鼠跳到了它身上。狮子猛然站起来，抓住了老鼠，准备吃掉。老鼠　23　饶命，并说如果狮子保住它性命，它必将报恩。狮子满不　24　地笑了笑，便把它放走了。不久，狮子真的　25　老鼠救回了性命。原来，狮子被一个猎人抓住了，还被猎人用绳索捆在了一棵树上。老鼠听到了狮子的哀嚎，于是跑过去咬断绳索，放走了狮子，并说："你当时嘲笑我，不相信能得到我的报答，现在知道了吧，　26　。"

23. A 要求　　　　　　 B 申请　　　　　　 C 请示　　　　　　 D 请求

24. A 轻轻　　　　　　 B 重视　　　　　　 C 在乎　　　　　　 D 轻松

25. A 把　　　　　　　 B 被　　　　　　　 C 将　　　　　　　 D 使

26. A 我也能报恩　　　　　　　　　　 B 你也没有那么了不起
　　 C 我是无敌的　　　　　　　　　　 D 你应该尊重我

27－30.

　　饮食文化的发展　27　于得天独厚的自然条件。四川自古以来就享有"天府之国"的美誉，境内江河纵横，植被四季常青，烹饪原料十分　28　。既有来自山区的山珍野味，又有来自江河的鱼虾蟹鳖；既有肥嫩味美的各类禽畜，又有各种新鲜蔬菜和笋菌；还有品种繁多、品质优良的酿造调味品和种植调味品，如自贡井盐、内江白糖、德阳酱油、郫县豆瓣、茂汶花椒、永川豆豉、涪陵榨菜、叙府芽菜、南充冬菜、新繁泡菜、成都地区的辣椒等。这些都为各式川菜的烹饪　29　了良好的物质基础。此外，四川的酒和茶，品质优良，对四川饮食文化的发展　30　。

27. A 依偎　　　　　　 B 凭借　　　　　　 C 靠着　　　　　　 D 依赖

28. A 充分　　　　　　 B 丰富　　　　　　 C 满足　　　　　　 D 多余

29. A 提醒　　　　　　 B 提出　　　　　　 C 提供　　　　　　 D 提问

30. A 也有一定的促进作用　　　　　　 B 没有什么大的作用
　　 C 相互影响　　　　　　　　　　　 D 促进了它的发展

31-33.

　　巴厘岛开发得很__31__，能满足各种玩法，除了是有名的"婚礼之都""蜜月之岛"，还很适合亲子游、老人休闲游、独自游等。除了碧蓝清澈的海水，巴厘岛的热带雨林景观也俘获了不少游人的心。充满异域风情的印尼庙宇、参差不齐的水稻梯田以及雄伟壮观的活火山，燃起了印度洋的无尽__32__。在巴厘岛的旅游胜地——乌布，穿过街上任何一条小径，都可以看到风景如画的梯田和乡村田园景观，你甚至会__33__自己是不是来到了天堂。

31. A 成熟　　　　　B 老练　　　　　C 丰富　　　　　D 丰盛

32. A 激烈　　　　　B 活跃　　　　　C 激情　　　　　D 活泼

33. A 相信　　　　　B 觉得　　　　　C 拒绝　　　　　D 怀疑

34-37.

　　中国画主要分为人物、山水、花鸟这几大类。表面上，中国画依题材分为这几类，__34__。所谓"画分三科"，即__35__了宇宙和人生的三个方面：人物画所表现的是人类社会，人与人的关系；山水画所表现的是人与自然的关系，将人与自然融为一体；花鸟画则是表现大自然的各种生命，与人和谐__36__。中国画之所以分为人物、山水、花鸟这几大类，其实是由艺术而升华的哲学__37__，三者之和构成了宇宙的整体，相得益彰，是艺术之为艺术的真谛所在。

34. A 实际上也是如此
　　B 实际上则表现了一种哲学观念和思想
　　C 但是并非如此
　　D 实际上远不止这几类

35. A 概括　　　　　B 解释　　　　　C 考虑　　　　　D 理解

36. A 相守　　　　　B 争抢　　　　　C 离别　　　　　D 相处

37. A 研究　　　　　B 问题　　　　　C 命题　　　　　D 思考

38－41.

　　上课了，老师捧着一叠大大小小的书本，笑眯眯地走进教室。她将书放在讲台上，便用缓慢而清晰的声音开始讲课。一个假期没有见到老师了，同学们都用___38___的目光注视着她，好像在说："老师，我们多么惦念您啊！"不知为什么，我的眼前浮现出电视剧中一位受人___39___的老师的形象，她是那么慈祥，像辛勤的园丁，在培养着小树苗。我们的老师，多像一位循循善诱的引路人，___40___我们去探索知识的海洋，去打开科学宝库的大门。___41___，随着老师脸上的表情，时而凝神深思，时而神采飞扬，时而频频点头，时而低首微笑。

38. A 亲密　　　　　B 美丽　　　　　C 亲切　　　　　D 感激

39. A 欢迎　　　　　B 尊敬　　　　　C 轻视　　　　　D 敬意

40. A 带领　　　　　B 命令　　　　　C 指挥　　　　　D 告诉

41. A 老师讲得非常认真　　　　　　　B 同学们完全被吸引住了
　　 C 同学们看着课本　　　　　　　　D 老师也被吸引住了

42－45.

　　中国上古神话传说中说，创世女神女娲是华夏民族的始祖，是福佑社稷的正神。相传女娲捏土造人，使天地不再沉寂，因此被称为大地之母。她是一位美丽的女神，___42___像蛇一样苗条，以至有些神话学家坚称她就是蛇身。

　　女娲补天的故事和女娲造人的故事一样，在中国都是家喻户晓的。女娲补天是一个很___43___的传说。四大名著之一《红楼梦》的第一回就引用了这个故事。

　　中国古代的神话传说人物，很多都有其原型，原型多是远古时期为人类做过___44___贡献的部落群体和首领。后人为了纪念他们的功绩，___45___。

42. A 长相　　　　　B 身材　　　　　C 体重　　　　　D 身高

43. A 重要　　　　　B 整齐　　　　　C 著名　　　　　D 糟糕

44. A 主要　　　　　B 宏大　　　　　C 重视　　　　　D 重大

45. A 而将其编成神话　　　　　　　　B 如果将其编成神话
　　 C 即使将其编成神话　　　　　　　D 至于将其编成神话

1 문제풀이 가이드

독해 영역 제2부분은 3~4줄 정도의 짧은 지문을 읽고 지문과 일치하는 내용을 고르는 문제로 총 10문항이다. 속독을 통하여 지문의 전체 내용과 주요 정보를 파악하고, 화자의 태도나 관점을 살펴야 한다. 테크닉을 숙지하여 빠르고 효과적인 독해 능력을 향상시키도록 한다.

2 문제풀이 테크닉

이 유형의 문제를 풀 때, 오답으로 고르게 되는 선택 항목 속 함정에 주의해야 한다. 예를 들어 의미의 확대 및 축소, 관련이 없는 정보의 방해, 내용과 소재가 상반되거나 대립되는 등의 함정들이 이에 포함된다. 따라서 지문에서 언급하지 않은 내용은 선택 항목에서 빠르게 제거하고 답을 고를 때는 몇 가지 팁을 알아두자.

1. 선택 항목에서 지문의 핵심 정보와 내용을 대조하면서 다른 부분을 확인한다.

소거법을 잘 활용하면 빠르게 답을 찾을 수 있다. 정답은 주로 종합적이고 추상적이고 전면적인 특징을 갖는다. 어떤 선택 항목에는 지문 속 인용구나 비유 문구 중에서 일부를 발췌하거나, 전체 문장의 구체적이고 세부적인 내용을 다루는데, 이러한 부분은 일반적으로 정답이 되지 않으므로 제거한다.

人与人之间的关系就像花朵，不细心照顾就会慢慢枯萎。与朋友保持长久关系的基本原则，就是不要失去联络。有时候超过半年不与某个朋友联系，就有可能失去这段友谊。同时要谨记，不要等到需要帮助时才想起别人。

사람과 사람 사이의 관계는 꽃과 같아서 세심하게 돌보지 않으면 서서히 시든다. 친구와 오랜 관계를 유지하는 기본 원칙은 연락을 잃지 않는 것이다. 때때로 반년이 넘도록 어떤 친구와 연락하지 않으면 이 우정을 잃을 수도 있다. 동시에 도움이 필요할 때 다른 사람을 생각하지 않도록 기억해야 한다.

위와 같은 지문에서 선택 항목 중 '养花有很多讲究(꽃을 키우는데 많이 신경 써야 한다)'와 같은 내용은 제거하도록 한다.

2. 단어의 의미를 확대하거나 축소 또는 유의어로 바꿔 표현하는 등의 함정에 주의한다.

❶ 수량의 변화를 나타내는 단어

예 增加了, 减少了, 增加到, 减少到 ……

② 범위를 나타내는 단어

> 예 大部分, 大约, 少数, 几乎 ……

③ 절대 범위를 나타내는 단어

> 예 一定, 都, 全部, 最 ……

④ 수식이나 제한을 나타내는 단어

⑤ 전달하는 의미는 같지만 다른 표현 방식을 사용

예제 1

天一阁是一个以藏书文化为核心，集藏书的保护、管理、陈列、研究及旅游观光于一体的专题性博物馆。它也是中国现存最早的私人藏书楼。天一阁现在收藏的各类古籍达30余万卷，此外，还藏有大量的字画、碑帖以及精美的地方工艺品，这些都是宝贵的文化财富。

A 天一阁一直在扩建
B 天一阁不对外开放
C 天一阁存放着大量古书
D 天一阁是中国最早的博物馆

천일각은 장서 문화를 핵심으로 하고 장서의 보호, 관리, 진열, 연구 및 여행 관광을 하나로 모은 전문적인 박물관이다. 그것은 또한 중국에서 현존하는 최초의 개인 서재이기도 하다. 천일각이 현재 소장하고 있는 각종 고서는 30여만 권에 달하며, 그 밖에 대량의 서화, 비첩 및 정교하고 아름다운 지방 공예품도 소장하고 있는데, 이것들은 모두 귀중한 문화 재산이다.

A 천일각이 계속 증축되고 있다
B 천일각은 대외 개방을 하지 않는다
C 천일각에는 대량의 고서가 보관되어 있다
D 천일각은 중국 최초의 박물관이다

정답 C

해설 지문은 '天一阁'라는 고서 박물관에 관한 내용이다. '它也是中国现存最早的私人藏书楼(그것은 또한 중국에서 현존하는 최초의 개인 서재이기도 하다)'에서 D를 제거하고, '现在收藏的各类古籍达30余万卷(현재 소장하고 있는 각종 고서는 30여만 권에 달한다)'을 바꿔 말하면 '存放着大量古书(대량의 고서가 보관되어 있다)'라고 할 수 있으므로 C가 정답이다.

예제 2

　　租房的合同快要到期了，房东提出要涨房租，而且要涨不少，所以我不得不再找房子。我对房子有两个要求：第一，房子的地段要好，最好离公司近一点儿，或者交通方便，在地铁站附近；第二，房子小一点儿没关系，但是要有简单的家具，要有宽带、电话、空调等。

A 因为房子比较小，所以"我"要找房子

B 房子里应该有简单的家具、宽带等

C "我"对房子没有什么要求

D 房子一定要离公司近一点儿

　　임대 계약이 곧 만기가 되어, 집주인이 임대료 인상을 요구할 뿐만 아니라 많이 올리려고 해서 나는 어쩔 수 없이 다시 집을 구해야 한다. 나는 집에 대해 두 가지 요구가 있다. 첫째, 집이 있는 지역이 좋아야 한다. 가장 좋기로는 회사에서 가깝거나 교통이 편리해야 하며, 지하철역 근처에 있어야 한다. 둘째, 집이 작아도 괜찮지만 간단한 가구가 있어야 하고, 인터넷, 전화, 에어컨 등이 있어야 한다.

A 집이 비교적 작기 때문에 '나'는 집을 구해야 한다

B 집에는 간단한 가구, 인터넷 등이 있어야 한다

C '나'는 집에 대한 요구가 없다

D 집은 반드시 회사와 가까워야 한다

정답 B

해설 지문은 집을 구하는 화자의 임대 조건에 대한 내용이다. 앞부분에서 집을 새로 구해야 하는 이유로 '租房的合同快要到期了(임대 계약이 곧 만기가 된다)', '房东提出要涨房租，而且要涨不少(집주인이 임대료 인상을 요구할 뿐만 아니라 많이 올리려고 한다)'라고 말했다. 이에 A는 지문의 내용과 일치하지 않는다. C는 틀린 내용이고, D는 필수 조건이 아니다. B가 지문 마지막 부분에 나오는 내용과 일치하므로 B가 정답이다.

예제 3

　　她算是我朋友当中最内向、最文静的一个。她平时不太爱说话，不熟悉她的人根本就不了解她。和别人交往时，她喜欢静静倾听，从不乱插嘴，并且能够非常冷静地思考，常常能帮别人出主意。

A 她在"我"朋友中不算最内向的

B 她和别人交往的时候比较爱说话

C 她很善于倾听

D 别人比较容易了解她

그녀는 내 친구 중에서 가장 내성적이고 얌전한 사람이라고 할 수 있다. 그녀는 평소에 말하는 것을 그리 좋아하지 않아서, 그녀를 잘 모르는 사람은 그녀를 아예 이해하지 못한다. 다른 사람과 교류할 때 그녀는 조용히 경청하는 것을 좋아하고 함부로 끼어들지 않으며, 또한 매우 냉정하게 생각할 줄 알아서 종종 다른 사람을 도와 아이디어를 낸다.

A 그녀는 '나'의 친구 중에서 가장 내성적이지 않다
B 그녀는 다른 사람과 교류할 때 말을 많이 한다
C 그녀는 경청을 잘한다
D 사람들은 그녀를 비교적 쉽게 이해한다

정답 C

해설 지문은 화자의 친구에 관한 내용이다. A, B, D의 내용은 지문의 내용과 정반대의 내용이므로 제거한다. 지문에서 '她喜欢静静倾听(그녀는 조용히 경청하는 것을 좋아한다)'이라고 했으므로 정답은 C이다.

예제 4

气候是大气物理特征的长期平均状态，它具有稳定性。例如，中国东部地区7月份较为闷热，西北地区气候干旱，昼夜温差大等等，这些描述的都是气候特征。研究气候的科学是气候学，研究对象的时间跨度可以为月、季、年、数年以至数百年以上。气候以冷、暖、干、湿这些特征来衡量，通常用某一时期的平均值和离差值表示。

A "明天北京有雨"符合气候概念
B 气候就是天气情况
C 气候学主要关注近几年的气候情况
D "北方地区11月—2月寒冷干燥"符合气候概念

기후는 대기 물리적 특징의 장기 평균 상태로 안정성을 가지고 있다. 예를 들어, 중국 동부 지역은 7월에 비교적 무덥고, 서북 지역의 기후는 건조하며 낮과 밤의 온도 차가 큰 것 등이 있다. 이러한 묘사는 모두 기후의 특징이다. 기후를 연구하는 과학은 기후학이다. 대상을 연구하는 시간적인 기간은 월, 계절, 년, 수년에서 수백 년 이상까지 가능하다. 기후는 춥고, 따뜻하고, 건조하고, 습하다는 특징으로 측정하며, 통상적으로 어느 시기의 평균치와 편차치로 나타낸다.

A '내일 베이징에 비가 온다'는 기후 개념에 부합한다
B 기후는 날씨 상황이다
C 기후학은 주로 최근 몇 년 동안의 기후 상황을 주목한다
D '북방 지역은 11월에서 2월까지 춥고 건조하다'는 기후 개념에 부합한다

정답 D

해설 지문은 기후에 대한 개념을 설명하고 있다. '北方地区11月—2月寒冷干燥(북방 지역은 11월에서 2월까지 춥고 건조하다)'가 바로 기후 상황을 나타내는 표현이다.

memo

독
해

3 연습문제 30문항

선택 항목의 내용과 지문의 내용이 일치하는지 빠르게 확인하며 정답을 찾는 연습을 해보자.

第1—30题：请选出与试题内容一致的一项。

1. 租房的合同快要到期了，房东提出要涨房租，而且要涨不少，所以我不得不再找房子。我对房子有两个要求：第一，房子的地段要好，最好离公司近一点儿，或者交通方便，在地铁站附近；第二，房子小一点儿没关系，但是要有简单的家具，要有宽带、电话、空调等。

    A 因为房子比较小，所以"我"要找房子
    B 房子里应该有简单的家具、宽带等
    C "我"对房子没有什么要求
    D 房子一定要离公司近一点儿

2. 她算是我朋友当中最内向、最文静的一个。她平时不太爱说话，不熟悉她的人根本就不了解她。和别人交往时，她喜欢静静倾听，从不乱插嘴，并且能够非常冷静地思考，常常能帮别人出主意。

    A 她在"我"朋友中不算最内向的
    B 她和别人交往的时候比较爱说话
    C 她很善于倾听
    D 别人比较容易了解她

3. 放鞭炮是春节的一个习俗。春节前一天的晚上，好多人一夜都不睡，等到12点的钟声一敲过，各家各户就都放起鞭炮来，有的还会放五颜六色的烟花。鞭炮和烟花会放很长时间，非常热闹。

A 人们在晚上12点以前放鞭炮

B 放鞭炮的时间不太长

C 鞭炮和烟花只有一个颜色

D 放鞭炮是春节的一个传统习俗

4. 武术，又称"功夫"，是指打拳和使用兵器的技术。武术是中国传统体育项目之一。武术既可以健身防身，又可以表演比赛，因而它不仅受到中国人民的喜爱，也受到了世界其他国家人民的喜爱。

A 功夫主要以打拳为主

B 武术只可以表演和比赛

C 中国和世界其他国家的人民都很喜欢武术

D 武术不是传统的体育项目

5. 其实"代沟"是一种很正常的社会现象。社会在不断地发展变化，必然会使青年人拥有不同于老年人的社会经历。历史发展了，社会环境变化了，人们的兴趣爱好、价值观念等也会随之变化。

A "代沟"不是正常的社会现象

B "代沟"主要是因为人们的年龄有差距

C 不同的社会经历是"代沟"产生的主要原因

D 人们的兴趣爱好不因社会环境的变化而变化

6. 有关牡丹的故事可谓是家喻户晓。传说唐初女皇武则天曾下旨号令百花在冬日齐放，牡丹因抗旨不开而被贬谪到了洛阳。现如今，即使是平头百姓也比那穷奢极欲的帝王有福气——能够在严冬里亲眼目睹牡丹争奇斗艳的美景。

A 牡丹也遵循了武则天的旨意

B 牡丹的故事很少有人知道

C 现在我们在冬天也可以看到牡丹开花了

D 现在的百姓不如以前的帝王

7. 运动过量时，由于人体已消耗了大量的能量，为防止能量进一步消耗，而出现机能抑制，这时人们会感到极度疲劳，浑身无力，大脑反应减慢。运动是否适量，标准主要是看心率，运动适量时的心率应该是最大心率的60%—85%。

A 运动过量会导致大脑反应迟钝

B 运动适量的标准是看是否出现机能抑制

C 感到极度疲劳是因为出现了机能抑制

D 运动适量时的心率是平常心率的60%—85%

8. 据悉，现在中学生最热衷的三件事中，除了听歌、旅游以外，还有一件竟然是看广告。一项调查结果表明，在中国城市儿童中，大约有80%的小孩最喜欢看的电视节目是广告。由此，对电视广告中男女人物的角色形象进行探讨就是一件很有意义的事了，因为心理学家认为，这些形象会对少年儿童有关男人、女人角色概念的形成产生重要影响。

A 中国儿童中，80%的小孩最喜欢看电视广告

B 电视广告没有任何意义

C 现在中学生很不喜欢电视广告

D 广告中男女人物形象对少年儿童的发展有重要影响

9. 不少人认为，气温越高，就越容易导致火灾的形成和发展，这当然有正确的一面，比如高温易诱发易燃物品燃烧、爆炸，从而酿成火灾。但火灾形成后，低温的危害也是非常大的。气温越低，火源与四周的温度差别就越大，这时就容易造成火焰周围的空气对流增强，火就会更加猛烈。

    A 火灾形成后，低温有利于救火
    B 火灾和气温的高低没有关系
    C 低温易诱发易燃物品燃烧，从而造成火灾
    D 气温越低，越容易导致火灾的增强

10. 中国在国际上素有"陶瓷之国"的盛誉。外国人把中国称为"China"，就是取了"瓷器"之意，可见陶瓷在中国历史上的地位。从第一件彩陶的诞生，到现代的陶瓷艺术，中国陶瓷的发展一直不曾中断。

    A 陶瓷在中国历史上的地位不太高
    B 陶瓷在中国的发展曾中断过
    C 中国到现代才有彩陶
    D 中国被称为"陶瓷之国"

11. 虽然我在这次旅行中遇到了一些麻烦，但旅行还是让我很难忘。我亲眼看到了普通中国人的善良和热情。即使在异国他乡，在人生地不熟的地方，当我遇到困难的时候，也能够遇到这么多的好心人，我心里感到非常温暖。

    A "我"在旅行中没有遇到什么问题
    B 中国人的善良和热情让"我"难忘
    C "我"遇到困难的时候没有人帮助我
    D "我"旅行的地方非常温暖

12. 所谓"情绪污染"，是指一个人的坏心情影响了其他人的好心情。防止"情绪污染"，主要还是得加强品格的培养和心情的调节。人心情愉悦，就能分泌更多的内啡肽，使人精神愉快，健康长寿。反之，这种物质的分泌就会减少，从而使人郁郁寡欢，加速衰老。

A "情绪污染"不能够有效预防
B 心情低落时内啡肽的分泌会减少
C "情绪污染"不会影响别人的心情
D 心情愉悦时内啡肽的分泌会减少

13. 睡眠是一种有效的休息方式，不过它主要是对睡眠不足者和体力劳动者适用。如果你是坐办公室的，大脑极度兴奋，而身体却处于低兴奋的疲劳状态，那么想要缓解这种疲劳，睡眠能起到的作用就不大了，这时你需要的不是通过"静止"恢复体能，而是要找个事儿让精神放松下来。

A 睡眠对各种疲劳都作用很大
B 睡眠主要对脑力劳动者适用
C 身体疲劳，大脑兴奋时，应该找个事儿放松精神
D 睡眠不能够缓解疲劳

14. 随着社会的发展，新的城市不断出现，老的城市不断扩展，城市人口日益增长。越来越多的人集中在城市里，带来了许多新问题。最让人头疼的是空气污染问题，另外，噪音也会扰乱人们正常的工作和休息。

A 随着社会的发展，老城市不断消失
B 随着社会的发展，城市人口越来越多
C 因为空气污染，人们逐渐向农村集中
D 城市噪音和空气污染没有影响人们的生活

15. 以十二生肖作为图案的贺年邮票叫生肖邮票。中国自1980年起发行了第一轮生肖邮票，1992年起又发行了第二轮生肖邮票。生肖文化源于中国，已经有两千多年的历史，它是中华民族文化及民俗的重要组成部分。因此，中国在有华人生活的国家和地区，特别是在东亚及东南亚的部分国家和地区，也发行生肖邮票。

A 生肖邮票只在中国发行
B 生肖邮票每年发行一次
C 生肖文化是中华民族文化的重要组成部分
D 中国在每个国家都发行了生肖邮票

16. 睡眠是健康的巨大源泉，因而要养成按时入睡和起床的良好习惯，遵循睡眠与觉醒相交替的客观规律。这样才能稳定睡眠，避免引起大脑皮层细胞的过度疲劳。严格的作息制度对于睡眠和觉醒之类的生理过程来说，意义是很大的。

A 睡眠越多越好
B 睡眠不稳定会引起大脑皮层细胞的过度疲劳
C 睡眠和健康没有什么关系
D 作息制度对于睡眠之类的生理过程意义不大

17. 水母，是海洋中重要的大型浮游生物。水母的寿命很短，它们平均只有几个月的生命。全世界的海洋中，有超过两百种的水母，它们分布于全球各地的水域里。其实，有种电脑病毒也叫"水母"，人们有时还会用"水母脑袋"来形容一个人笨。

A 如果一个人不太聪明，我们可以用"水母脑袋"来形容他
B 水母的寿命很短，平均只有几年的生命
C 水母只分布在全球几个水域中
D 全世界的海洋中，水母的种类不超过两百种

18. 爷爷的书房里挂着一张条幅，上面写着"煮书"两个苍劲有力的大字。我感到奇怪："书只能读，怎么可以煮呢？书放在锅里煮，不是要煮坏吗？"爷爷笑了："书是精神食粮嘛，既是食粮，怎么不可以煮呢？煮熟了，吃下去才好消化吸收呀。读书就是要反复诵读、品味，非把书读熟读透不可，这就是'煮书'。"

A 爷爷经常把书煮熟了吃掉

B 书不是精神食粮，所以不可以放在锅里煮

C "煮书"指读书应该反复诵读，读熟读透

D 书也是粮食的一种，所以可以放在锅里煮

19. 豆汁儿是北京独具特色的民间小吃，已经流传了上千年。它是以绿豆为原料制成的，颜色暗淡，味道酸甜。第一次品尝时，人们往往会觉得难以下咽，但多尝几次，它淳厚的香味就会让你欲罢不能。

A 豆汁儿不是北京独有的

B 豆汁儿是用绿豆做的

C 豆汁儿让人难以下咽

D 所有人都喜欢豆汁儿

20. 神话是远古人民表现对自然及文化现象的理解与想象的故事。它是人类早期的不自觉的艺术创作。神话并非现实生活的科学反映，而是在远古时代知识水平低下的情况下，人类在思考与探索自然的活动中结合自己的想象力而创作出来的。中国古代神话源远流长。在文字产生以前，很多神话就广泛地在人们的口头上流传，神话的作者就是广大的劳动人民。

A 神话是对现实生活的科学反映

B 神话是文字产生之后才出现的

C 神话源于远古人类对自然的思考和探索

D 神话不属于艺术创作

21. 再生纸是一种以废纸为原料，经过分选、净化、打浆、抄造等十几道工序生产出来的纸张，它可以满足办公、学习对纸张使用的正常需求，并且有利于保护视力健康。在全世界日益提倡环保的今天，使用再生纸是一个深得人心的做法。

A 使用再生纸符合环保思想
B 很多人不喜欢使用再生纸
C 制造再生纸很麻烦
D 再生纸浪费原料

22. 叛逆是天生的特性。人生有三个逆反期，我们称之为"三三三"，即三岁的时候、小学三年级和初中三年。在这三个逆反期里，家长要正确引导孩子，理解孩子，遇到问题要好言相劝，不能让矛盾激化，要给孩子讲逆反期的道理，使双方互相保持克制，使孩子平安度过逆反期。

A 叛逆是后天养成的
B 家长也会叛逆
C 家长一切都要听孩子的
D 家长要正确引导孩子度过逆反期

23. "大学生"这个数量庞大的就业群体，在求职的路上，正在经历着从"等待"到"拼搏"的巨大转变。昔日的"天之骄子"遭遇"就业难"，然而充满激情的大学生却并没有气馁，他们开始用创业来证明自己。当前，大学生创业已成为新时代的流行现象。

A 大学生找不到工作
B 大学生积极应对"就业难"
C 大学生比以前差了
D 上大学成为流行现象

24. 雪顿节是藏族的传统节日之一，雪顿节的时间是在藏历每年的六月底七月初。"雪"是"酸奶"的意思，"顿"是"宴"的意思。17世纪以前，"雪顿"活动是一种民间的宗教活动，后来逐渐演变为以藏戏会演为主的活动，所以雪顿节又称藏戏节。

A 雪顿节在阳历六月底七月初举行
B 雪顿节以前是一种宗教活动
C 雪顿节是藏族最重要的节日
D 雪顿节没有变化过

25. 网络文学毫无疑问给很多有才华的年轻作者提供了施展才华的机会。通过网络写作，很多有才华的年轻写手冒了出来，尽管他们之后会回归到用传统的出版方式出书的路上。网络文学有自己的鲜明风格，那种想象力，那种语言的跳跃感和朝气蓬勃的力量，都是纸笔写作很难达到的，因而它势必会影响我们传统的文学。

A 网络写作比纸笔写作好
B 网络文学良莠不齐
C 网络文学会影响传统文学
D 网络文学风格不鲜明

26. 长期以来，人们习惯于将智商作为衡量人才的标准，而现代研究表明，人才成功的决定因素不仅有智商，而且还有情商。那些管理领域里的成功者，有相当一部分是在学校里被认为智商并不太高的人。

A 高智商的人一定成功
B 高情商的人一定成功
C 情商往往比智商重要
D 智商不是成功的唯一决定因素

27. 大城市里开辟出了许多街心花园，建设了不少林荫大道。郁郁葱葱的树木花草是城市的"绿色卫士"，人们把它们比作"城市之肺"，十分形象、确切。这些"绿色卫士"不仅能吸收空气中过剩的二氧化碳，调节城市空气，而且能降低灰尘污染——植物叶子表面的茸毛和黏液能吸附浮尘，阻止灰尘微粒蔓延。

A 大城市里开辟出的街心花园主要是为了美观
B "绿色卫士"主要指城市的环卫工人
C 树木花草可以降低灰尘污染，这要归功于叶子表面的茸毛和黏液
D "绿色卫士"调节空气，"城市之肺"降低灰尘污染，它们的功能不一样

28. 随着时代的飞速发展，网络资讯愈发精彩纷呈，大学生只需在宿舍打开电脑，便可将天下尽收眼底，所以不少大学生用电脑找资料、看资讯，扩展自己的视野。但是也有很大一部分的大学生大部分时间都在宿舍里用电脑玩游戏、看电视剧、淘宝等等，浪费了宝贵的学习时间。

A 网络资讯的发展有利有弊
B 大学生不能玩游戏
C 游戏、电视等对大学生影响不好
D 时代发展，网络一定会发展

29. 鼓是精神的象征，舞是力量的表现，鼓舞结合开创了舞蹈文化的先河。在鼓的形制上，北方多用大鼓，南方多用小型的花鼓。表演时鼓可拿在手中，也可以系在腰间或胸前，甚至置于头顶、肩上、腋下、膝前等处。打法上，可一人一鼓，也可一人多鼓，多鼓表演时鼓最多能达到十面，从而表现各种人物形象。

A 鼓和舞不能完美结合
B 北方鼓的形制多为花鼓
C 表演时鼓多系在腰间
D 打鼓可表现多种人物形象

30. 气候是大气物理特征的长期平均状态，它具有稳定性。例如，中国东部地区7月份较为闷热，西北地区气候干旱，昼夜温差大等等，这些描述的都是气候特征。研究气候的科学是气候学，研究对象的时间跨度可以为月、季、年、数年以至数百年以上。气候以冷、暖、干、湿这些特征来衡量，通常用某一时期的平均值和离差值表示。

A "明天北京有雨"符合气候概念
B 气候就是天气情况
C 气候学主要关注近几年的气候情况
D "北方地区11月－2月寒冷干燥"符合气候概念

제3부분 ▸ 지문을 읽고 질문에 알맞은 답 찾기[장문 독해]

1 문제풀이 가이드

독해 영역 제3부분은 소재, 길이, 난이도가 다른 5편의 긴 지문을 읽고 질문에 알맞은 답을 고르는 문제 유형이다. 각 지문에 4개의 질문이 주어지므로 총 20문항이다.

장문 독해 부분의 문제 특징은 비교적 종합적이다. 지문의 줄거리 및 중요한 정보를 이해하고 작가의 태도나 관점을 파악해야 한다. 함정이 되는 부분을 빠르게 제거하고, 핵심 어휘나 핵심 정보를 빠르게 찾아내야 하며, 지문의 자료를 근거로 판단하고 추측해야 한다. 다량의 연습문제를 풀어보면서 지문을 읽는 속도를 높이고 문장 이해력을 향상시키도록 한다.

Tip 질문 유형

질문은 주로 구체적인 정보, 어휘의 의미, 지문의 주제 등 몇 가지 유형으로 분류할 수 있다.

① 下列哪项不正确？/ 下面哪一点文中没有提到？
다음 중 올바르지 않은 것은? / 다음 중 본문에서 언급하지 않은 것은?

② 为什么？/ 是因为？/ 原因是什么？ 왜냐하면? / 무엇 때문인가? / 원인은 무엇인가?

③ 主要意思是: / 主要表达了: / 主要告诉我们什么？
주요 의미는: / 주로 전달하고자 하는 것은: / 우리에게 알려주고자 하는 것은?

④ 以上哪个观点最符合: 어느 관점이 가장 부합하는가:

⑤ 最适合做上文标题的是: 위 글의 제목으로 가장 적합한 것은:

⑥ 作者的主要观点（主要态度）是: 작가의 주요 관점(주요 태도)은:

---

2 문제풀이 테크닉

1. 주제·제목 찾기 유형

글의 주된 내용이나 중심 생각, 소개하려는 내용이 무엇인지를 묻는 문제이다. 일반적으로 지문의 첫 번째 단락이나 마지막 단락에 중심 생각이 담겨 있으므로, 이 부분에서 주제를 찾을 수 있다. 제목을 묻는 문제도 지문의 처음이나 마지막 단락을 종합하여 간결하게 요약하면 된다.

2. 세부 내용 찾기

장문 독해에서 세부 내용을 묻는 문제는 아주 많다. 시간, 인물, 장소, 구체적인 숫자 표현(수량, 순서), 화제, 사건 등 다양한 범위에서 질문이 제시된다. 5급에서는 많은 정보 중에서 핵심이 되는 정보를 잡아내는 것이 중요하다. 세부 내용을 묻는 문제를 풀 때는 선택 항목을 근거로 순서나 목적성에 따라서 지문에서 관련된 정보를 찾도록 한다.

3. 추론·유추 유형

이 유형의 문제를 풀 때는 먼저 앞뒤 문맥 사이의 논리 관계를 파악해야 한다. 앞뒤에 반복적으로 나타나는 정보는 중요한 정보가 되며, 이러한 정보들로 답을 유추해낼 수 있다. 이 밖에 접속사나 핵심 문장을 찾는 방식을 통해 답을 찾을 수 있다. 어떤 문제는 접속사나 고정 문형을 통해 바로 답을 추론할 수 있다.

예제 1

　　最新研究发现，蜜蜂的飞行并不全是由翅膀振动来完成的，它的后腿也发挥着重要作用。

　　众所周知，飞机在飞行过程中，起落架是收起来的，着陆的时候才放下来。在人们的印象中，动物在飞行时，它们的腿应该同飞机的起落架一样，都是收起来的。[1]如果你留心观察的话，会发现大多数动物是这样的，但蜜蜂是一个例外。

　　为了进一步研究蜜蜂的飞行特点，科学家做了一项实验，他们诱使蜜蜂在一个户外风洞中飞行，以便进行观察。结果发现，[2]有一种兰花蜜蜂，它的后腿像飞机的机翼一样，能为飞行提供上升的力量。当风洞中的风达到一定的速度时，蜜蜂就会伸出后腿来保持飞行的稳定，速度越快，后腿伸展的幅度越大。但是，如果风速提高到超过它所能承受的极限时，即使它完全伸展开后腿，也无法再保持身体的平衡和飞行的稳定，这时蜜蜂便会四处乱撞。

　　实验表明，[3]蜜蜂的飞行速度并不取决于它肌肉力量的大小或者翅膀振动的快慢，而是取决于它在不稳定的飞行条件下自我控制和调节平衡的能力。它伸出的后腿可以帮助它实现平衡，就像飞速旋转的花样滑冰运动员张开手臂来平衡自己的身体一样。

1. 第二段举飞机的例子是为了说明大多数动物：

　　A 善于利用气流　　　　　　　　　B 懂得节省体力
　　C 能持续飞很长时间　　　　　　　D 飞行时腿会收起来

2. 关于兰花蜜蜂，可以知道什么？

　　A 飞行速度极快　　　　　　　　　B 翅膀形状独特
　　C 后腿可提供升力　　　　　　　　D 常活动在风洞附近

3. 根据上文，蜜蜂飞行速度与哪种能力有关？

　　A 调控平衡　　　　B 感知温度　　　　C 辨认方向　　　　D 传播花粉

4. 上文主要介绍的是：

    A 蜜蜂的生存智慧   B 蜜蜂喜欢成群飞的原因

    C 后腿对蜜蜂飞行的重要性   D 风速对蜜蜂寻找食物的影响

최근 연구에 따르면 꿀벌의 비행은 결코 모두 날개의 진동으로 이루어진 것이 아니며 그것의 뒷다리도 중요한 역할을 발휘한다고 한다.

비행기는 비행 중에 랜딩기어를 접고 착륙할 때만 내려놓는 것으로 알려져 있다. 사람들의 인상 속에서 동물은 비행할 때 그것들의 다리는 비행기의 랜딩기어와 마찬가지로 모두 접혀야 한다. [1]만약 당신이 주의 깊게 관찰한다면 대부분의 동물은 이렇지만 꿀벌은 예외라는 것을 발견할 수 있을 것이다.

꿀벌의 비행 특성을 더 연구하기 위해 과학자들은 꿀벌을 야외 풍동(wind tunnel)에서 비행하도록 유도하는 실험을 했다. 그 결과 [2]비행기의 날개처럼 뒷다리가 상승할 수 있는 힘을 제공하는 난초벌을 발견했다. 풍동의 바람이 일정한 속도에 도달하면 꿀벌은 뒷다리를 내밀어 비행의 안정을 유지하게 되는데, 속도가 빠를수록 뒷다리가 뻗는 폭이 커진다. 그러나 풍속이 감당할 수 있는 한계를 넘을 정도로 높아지면, 뒷다리를 완전히 뻗어도 더 이상 몸의 균형과 비행의 안정을 유지할 수 없게 되어 벌은 사방으로 마구 부딪힌다.

실험에 따르면 [3]꿀벌의 비행 속도는 근육력의 크기나 날개 진동의 속도에 의해 결정되는 것이 아니라 불안정한 비행 조건에서 스스로 통제하고 균형을 조절하는 능력에 의해 결정된다고 한다. 꿀벌이 뻗은 뒷다리는 빠르게 회전하는 피겨스케이팅 선수가 팔을 벌려 자신의 몸의 균형을 맞추는 것처럼 균형을 이룰 수 있도록 도와준다.

1. 두 번째 단락에서 비행기의 예시는 대부분의 동물들의 어떤 점을 설명하기 위한 것입니까?

    A 공기의 흐름을 잘 이용한다   B 체력을 아낄 줄 안다

    C 오랜 시간을 계속 날 수 있다   D 비행할 때 다리를 접는다

2. 난초벌에 대해 무엇을 알 수 있습니까?

    A 비행 속도가 매우 빠르다   B 날개 모양이 독특하다

    C 뒷다리는 상승력을 제공한다   D 풍동 부근에서 자주 활동한다

3. 위의 글에 따르면 꿀벌의 비행 속도는 어떤 능력과 관련이 있습니까?

    A 평형 조절   B 온도 감지   C 방향 식별   D 꽃가루 전파

4. 위의 글에서 주로 소개하는 것은:

    A 꿀벌의 생존 지혜   B 꿀벌이 무리를 지어 날기를 좋아하는 이유

    C 뒷다리가 꿀벌의 비행에 미치는 중요성   D 풍속이 꿀벌이 먹이를 찾는 데 미치는 영향

정답   1. D   2. C   3. A   4. C

독
해

해설 1. 추론 유형의 문제이다. 지문에서 비행기의 랜딩기어는 동물의 뒷다리와 비슷하다고 말하면 서 둘을 연관 지어 설명하고 있다. 지문 중의 '如果你留心观察的话，会发现大多数动物 是这样的(만약 당신이 주의 깊게 관찰한다면 대부분의 동물들이 이렇다는 것을 발견할 수 있을 것이다)'가 답을 찾는 핵심 문장이다. 동물도 비행기처럼 비행할 때 다리를 접는다고 얘기하고 있으므로 D가 정답이다.

2. '有一种兰花蜜蜂，它的后腿像飞机的机翼一样，能为飞行提供上升的力量(비행기의 날개처럼 뒷다리가 상승할 수 있는 힘을 제공하는 난초벌이 있다)'을 통해 정답은 C라는 것 을 알 수 있다.

3. 세부 내용을 묻는 유형의 문제이다. 선택 항목의 순서에 따라 지문과 대조하면 A가 지문의 마지막에 언급된 것을 찾을 수 있다.

4. 주제를 묻는 유형의 문제이다. 지문의 처음과 마지막 단락에서 모두 꿀벌이 비행할 때 뒷다 리의 중요한 역할을 설명하고 있으므로 C를 답으로 선택할 수 있다.

예제 2

　　"去年年底我[1]左脚第三次应力性骨折，不得不离开赛场。[2]半年多来我内心 十分纠结，经过反复思考，今天我要宣布一个决定：作为篮球运动员，我将结束 我的运动生涯，正式退役。"说到这里，姚明的眼睛有些湿润。

　　姚明从2005年6月第一次被推上手术台，到2011年1月接受最后一次手术， 仅左脚就挨过5刀，[3]左脚内至今还留着一颗被植入的钢钉。

　　姚明动情地表示："今天我退役了，一扇门已经关上，另一扇门正徐徐开 启，而门外有崭新的生活，正在等着我认真品读。"

　　[4]姚明透露，退役后他不会离开篮球事业，他将经营好自己的上海大鲨鱼俱乐 部，为中国篮球事业再尽些力，同时也会继续做好已经成立三年的"姚基金"。

1. 姚明为什么选择退役？
   A 他打算离开篮球事业　　　　　　B 他要成立自己的俱乐部
   C 他因为脚伤选择结束运动生涯　　D 他想开始新的生活

2. 姚明决定退役，思考了多长时间？
   A 半年　　　　　　B 一年　　　　　　C 三年　　　　　　D 六年

3. 关于姚明，以下哪项是错误的？
   A 姚明2005年第一次做手术　　　　B 姚明是非常有名的篮球运动员
   C 姚明很期待新的生活　　　　　　D 姚明的左脚内已经没有钢钉了

4. 退役后姚明的打算是什么？
   A 离开喜爱的篮球事业　　　　　　B 努力重返篮球赛场
   C 经营好自己的大鲨鱼俱乐部　　　D 马上成立"姚基金"

"작년 말에 저는 [1]왼발의 세 번째 피로 골절(스트레스 골절)이 있어서 어쩔 수 없이 경기장을 떠났습니다. [2]반년 넘게 저는 심적으로 매우 괴로웠습니다. 거듭 생각을 거쳐서 오늘 저는 농구 선수로서 저의 운동 생활을 끝내고 정식으로 은퇴할 것을 선언합니다." 여기까지 말하고 야오밍의 눈은 살짝 촉촉해졌다.

야오밍은 2005년 6월에 처음으로 수술대에 올라 2011년 1월에 마지막 수술을 받았다. 왼발에만 다섯 차례 칼을 댔고, [3]왼발에는 아직도 삽입된 철심이 남아 있다.

야오밍은 "오늘 저는 은퇴합니다. 한 개의 문은 이미 닫혔고, 다른 한 개의 문은 서서히 열리고 있으며, 문 밖에는 새로운 삶이 있어서 제가 열심히 음미하기를 기다리고 있습니다."라고 감정이 북받쳐 올라 말했다.

[4]야오밍은 은퇴 후 그가 농구 사업을 떠나지 않을 것이고, 자신의 상하이 샤크클럽을 잘 운영하여 중국 농구 사업을 위해 힘을 다하는 동시에 이미 설립한 지 3년이 된 '야오기금'도 계속 잘 해낼 것이라고 밝혔다.

1. 야오밍은 왜 은퇴를 선택했습니까?

   A 농구 사업을 떠나려고 한다　　　　　　B 자신의 클럽을 설립하려고 한다

   C 발 부상으로 운동 생활을 끝내기로 했다　D 새로운 삶을 시작하고 싶어 한다

2. 야오밍은 은퇴를 결정하는 데 얼마나 오래 생각했습니까?

   A 반년　　　　　　B 1년　　　　　　C 3년　　　　　　D 6년

3. 야오밍에 관하여 다음 중 틀린 것은 무엇입니까?

   A 야오밍은 2005년에 첫 수술을 했다　　B 야오밍은 유명한 농구 선수이다

   C 야오밍은 새로운 삶을 기대한다　　　　D 야오밍의 왼발에는 이미 철심이 없다

4. 은퇴 후 야오밍의 계획은 무엇입니까?

   A 좋아하는 농구 사업을 떠난다　　　　　B 농구계로 복귀하려고 노력한다

   C 자신의 샤크클럽을 잘 운영한다　　　　D 곧 '야오기금'을 설립한다

정답　1. C　　2. A　　3. D　　4. C

해설　1. 첫 번째 문장 '左脚第三次应力性骨折，不得不离开赛场(왼발의 세 번째 피로 골절(스트레스 골절)이 있어서 어쩔 수 없이 경기장을 떠났다)'에서 야오밍이 은퇴하는 이유가 그대로 나와 있다. 그러므로 답은 C가 된다.

2. '半年多来(반년 남짓)'에서 정답은 A라는 것을 알 수 있다.

3. 두 번째 단락의 '左脚内至今还留着一颗被植入的钢钉(왼발에는 아직도 삽입된 철심이 남아 있다)'에서 '至今(현재까지)', '还(아직)'라는 어휘를 근거로 D의 내용이 지문과 일치하지 않음을 알 수 있다.

4. 선택 항목에 주어진 핵심 어휘들을 근거로 지문의 마지막 단락에서 하나씩 비교하면서 답을 찾을 수 있다. 야오밍은 결코 자신이 좋아하는 농구 사업을 떠나지 않을 것이라고 했고, 은퇴 선언을 했으므로 다시 경기장으로 돌아가지 않을 것이다. 따라서 A, B는 답이 될 수 없다. 야오기금은 이미 설립된 지 3년이 되었으므로(已经成立三年的) D도 옳지 않다.

　　宋代流行的"斗茶"，又称"茗战"，是一种比较茶叶优劣的茶事活动。斗茶的范围十分广泛，包括茶的产地、品种、茶叶的做工、烹茶所用的水，以及有关茶的典故和斗茶者的见解等。³斗茶时必须将茶饼碾成粉末，然后备好沸水和茶碗。在茶末倒入茶碗中之后，慢慢注入沸水将茶末调匀，这时务必使茶末和沸水融成乳状，便得到了"茶汤"。斗茶的第一步是看茶末是否浮在水面上，如果茶末沉而不浮，就表明茶碾得不细。斗茶的第二步是比茶色，如选用上好的白茶比试，那么泡好的茶色就以杏黄、杏绿、清澈明亮的为上品。²宋时宫廷斗茶多用福建特产白茶，白茶以茶汤清澈明亮、清香扑鼻者为佳。

1. 斗茶是：

　　A 一个典故　　　　B 一种习俗　　　　C 一种见解　　　　D 一种茶叶

2. 文中提到的"白茶"是指：

　　A 很淡的茶

　　B 质量好的茶

　　C 没沏好的茶

　　D 多用于斗茶的福建特产茶

3. 斗茶时先要做的事是：

　　A 将茶饼碾成粉末　　　　　　　　B 备好沸水、茶碗

　　C 看茶末能否浮起　　　　　　　　D 了解与茶有关的知识

4. 最适合做上文标题的是：

　　A 品茶习俗　　　　　　　　　　　B 斗茶习俗

　　C 斗茶的由来　　　　　　　　　　D 斗茶者的见解

　　송대에 유행한 '차 겨루기'는 '차전'이라고도 불리며 찻잎의 우열을 비교하는 활동이다. 차 겨루기의 범위는 매우 광범위하다. 이는 차의 생산지, 품종, 찻잎의 공정, 차를 조리하는 데 쓰이는 물, 그리고 차와 관련된 고사와 차 겨루기 참가자의 견해 등을 포함한다. ³차 겨루기는 반드시 차병을 가루로 빻고, 끓는 물과 찻사발을 준비해야 한다. 찻가루를 찻잔에 붓고 끓는 물을 천천히 주입하여 찻가루를 고르게 섞는다. 이때 반드시 찻가루와 끓는 물이 잘 섞이도록 해야 '차탕'을 얻게 된다. 차 겨루기의 첫 번째 단계는 찻가루가 물 위에 떠 있는지 확인하는 것이다. 만약 찻가루가 가라앉고 뜨지 않는다면 차를 곱게 빻지 않았다는 것을 나타낸다. 차 겨루기의 두 번째 단계는 색을 비교하는 것이다. 예를 들어 좋은 백차를 선택하여 비교해 보면 끓여낸 차의

색은 노란 살구 빛, 초록 살구 빛, 맑고 밝은 빛을 상품으로 한다. ²송대에 궁궐의 차 겨루기는 푸젠성의 특산품인 백차를 많이 사용했다. 백차는 차탕이 맑고 밝으며 향긋한 향이 올라오는 것을 좋은 것으로 여긴다.

1. 차 겨루기는:
   A 하나의 고사이다　　B 하나의 풍습이다　　C 하나의 견해이다　　D 하나의 찻잎이다

2. 글에서 언급한 '백차'는:
   A 연한 차이다
   B 품질이 좋은 차이다
   C 덜 우러난 차이다
   D 차 겨루기에 많이 사용되는 푸젠성의 특산차이다

3. 차 겨루기에서 먼저 해야 할 일은:
   A 차병을 빻아 가루로 만든다　　　　　　B 끓는 물, 찻사발을 준비한다
   C 찻가루가 뜨는지 확인한다　　　　　　D 차 관련 지식을 이해한다

4. 위 글의 제목으로 가장 적합한 것은:
   A 차 즐기기의 풍습　　　　　　　　　　B 차 겨루기 풍습
   C 차 겨루기의 유래　　　　　　　　　　D 차 겨루기의 견해

정답 1. B　　2. D　　3. A　　4. B

해설 1. '斗茶的范围十分广泛，包括茶的产地、品种、茶叶的做工、烹茶所用的水，以及有关茶的典故和斗茶者的见解等(차 겨루기의 범위는 매우 광범위하다. 이는 차의 생산지, 품종, 찻잎의 공정, 차를 조리하는 데 쓰이는 물, 그리고 차와 관련된 고사와 차 겨루기 참가자의 견해 등을 포함한다)'에서 알 수 있듯이 A, C, D 모두 '斗茶(차 겨루기)'의 구체적인 내용에 포함되는 것들로 소거법을 이용해서 답을 B로 선택할 수 있다.

2. 맨 마지막 문장 '宋时宫廷斗茶多用福建特产白茶(송대에 궁궐의 차 겨루기는 푸젠성의 특산품인 백차를 많이 사용했다)'를 통해 정답은 D라는 것을 알 수 있다.

3. '斗茶时必须将茶饼碾成粉末，然后备好沸水和茶碗(차 겨루기는 반드시 차병을 가루로 빻고, 끓는 물과 찻사발을 준비해야 한다)' 문장의 접속 관계를 통해서 일의 순서를 알 수 있다. 그러므로 정답은 A이다.

4. 첫 번째 문제와 전체 내용을 종합해 볼 때, 위의 지문은 '斗茶'라는 풍습을 설명하고 있는 것을 유추할 수 있다. 그러므로 정답은 B이다.

독
해

질문의 유형은 몇 가지로 정해져 있으며, 각 유형에 대한 테크닉을 숙지하여 문제를 풀어보자.

第1－60题：请选出正确答案。

1－4.

"去年年底我左脚第三次应力性骨折，不得不离开赛场。半年多来我内心十分纠结，经过反复思考，今天我要宣布一个决定：作为篮球运动员，我将结束我的运动生涯，正式退役。"说到这里，姚明的眼睛有些湿润。

姚明从2005年6月第一次被推上手术台，到2011年1月接受最后一次手术，仅左脚就挨过5刀，左脚内至今还留着一颗被植入的钢钉。

姚明动情地表示："今天我退役了，一扇门已经关上，另一扇门正徐徐开启，而门外有崭新的生活，正在等着我认真品读。"

姚明透露，退役后他不会离开篮球事业，他将经营好自己的上海大鲨鱼俱乐部，为中国篮球事业再尽些力，同时也会继续做好已经成立三年的"姚基金"。

1. 姚明为什么选择退役？
   A 打算离开篮球事业
   B 要成立自己的俱乐部
   C 因为脚伤选择结束运动生涯
   D 想开始新的生活

2. 姚明决定退役，思考了多长时间？
   A 半年　　　　　　B 一年　　　　　　C 三年　　　　　　D 六年

3. 关于姚明，以下哪项是错误的？
   A 姚明2005年第一次做手术
   B 姚明是非常有名的篮球运动员
   C 姚明很期待新的生活
   D 姚明的左脚内已经没有钢钉了

4. 退役后姚明的打算是什么？
   A 离开喜爱的篮球事业
   B 努力重返篮球的赛场
   C 经营好自己的大鲨鱼俱乐部
   D 马上成立"姚基金"

5－8.

宋代流行的"斗茶"，又称"茗战"，是一种比较茶叶优劣的茶事活动。斗茶的范围十分广泛，包括茶的产地、品种、茶叶的做工、烹茶所用的水，以及有关茶的典故和斗茶者的见解等。斗茶时必须将茶饼碾成粉末，然后备好沸水和茶碗。在茶末倒入茶碗中

之后，慢慢注入沸水将茶末调匀，这时务必使茶末和沸水融成乳状，便得到了"茶汤"。斗茶的第一步是看茶末是否浮在水面上，如果茶末沉而不浮，就表明茶碾得不细。斗茶的第二步是比茶色，如选用上好的白茶比试，那么泡好的茶色就以杏黄、杏绿、清澈明亮的为上品。宋时宫廷斗茶多用福建特产白茶，白茶以茶汤清澈明亮、清香扑鼻者为佳。

5. 斗茶是：

    A 一个典故   B 一种习俗   C 一种见解   D 一种茶叶

6. 文中提到的"白茶"是指：

    A 很淡的茶   B 质量好的茶

    C 没沏好的茶   D 多用于斗茶的福建特产茶

7. 斗茶时先要做的事是：

    A 将茶饼碾成粉末   B 备好沸水、茶碗

    C 看茶末能否浮起   D 了解与茶有关的知识

8. 最适合做上文标题的是：

    A 品茶习俗   B 斗茶习俗

    C 斗茶的由来   D 斗茶者的见解

9－12.

电影是唯一一门人们知道其生日的艺术。1895年12月28日，这一天被永远地载入了电影史册。

到了1896年，电影传入中国。中国人给这新奇玩意儿起了个名字，叫"西洋影戏"。"西洋影戏"的首次放映地点是在上海徐园内的"又一村"。这一时期，放映的外国影片多是带有异国风情的舞蹈表演及一些无聊节目，也包括一些时事片段。

这种单纯的放映活动持续了10年光景，中国人终于自己动手拍电影了。开此先河的是北京丰泰照相馆，馆主是东北人任庆泰。他买来法国造木壳手摇摄影机及胶片，在一片露天场地上把著名京剧老生谭鑫培表演的京剧《定军山》中的几个舞蹈片段记录在胶片上，这成了中国人拍的第一部电影。以后他又陆续拍了其他京剧表演片段，这些电影在任庆泰开的大观楼影戏园和吉祥戏院等处放映，受到观众们的热烈欢迎，甚至有"万人空巷来观之势"。

9. 电影诞生于哪一年？

    A 1895年   B 1896年   C 1905年   D 1906年

10. 文中提到的"西洋影戏"是指：

    A 无聊节目   B 电影   C 舞蹈表演   D 时事片段

11. 中国第一次放映电影的地点是：

    A 吉祥戏院   B 大观楼影戏园
    C 上海徐园"又一村"   D 北京丰泰照相馆

12. 中国人拍的第一部电影：

    A 是在丰泰照相馆拍的   B 是京剧中的舞蹈片段
    C 是谭鑫培拍的   D 在上海徐园"又一村"放映

13－16.

汉语的方言种类繁多，非常复杂。据不完全统计，在七大方言（也有人认为汉语有八大方言）体系下，存在着很多的小方言，因而有"十里不同音"之说。随着社会的发展，越来越多的人带着乡音走出农村，走出国门。正在美国某大学求学的小陈是个土生土长的川妹子，每逢周末假日，她便会点上一个火锅，在弥漫着麻辣味的氛围

中，和同乡畅快地说四川话是她最大的乐趣。小陈说，听到家乡话的那种亲切感，若非远离祖国和亲人，是很难体会到的，"乡音带给我心灵慰藉，也排遣了我的乡愁和孤独"。

同时，人的流动又加强了不同方言间的交互影响。中国人民大学文学院教师熊燕认为，社会的发展正在使形成方言的因素逐步消失，因而方言不可避免地要萎缩。调查发现，许多孩子能听懂长辈的方言，但自己已经不会说了。很多常年在异乡工作的人即使回到家乡，乡音也变得不那么纯正地道了。成语"南腔北调"原指戏曲的南北腔调，如今则是许多国人汉语发音的真实写照。

13. 关于汉语的方言，下列说法正确的是：

    A 只有七大方言体系　　　　　　　　B 方言之间会相互影响

    C 种类不多　　　　　　　　　　　　D 会说的人不多

14. 下列哪一项是方言萎缩的表现？

    A 很多人能听懂但是不会说　　　　　B 说方言的人很少

    C 方言之间相互影响　　　　　　　　D 很多人常年在异乡工作

15. 下列哪一项不是小陈喜欢说方言的原因？

    A 家乡话有亲切感　　　　　　　　　B 家乡话带给她心灵慰藉

    C 家乡话排遣她想家的情绪　　　　　D 发展中国的汉语方言

16. "南腔北调"在文中是什么意思？

    A 南方人和北方人说话不一样　　　　B 中国南北方的戏曲腔调

    C 很多中国人的方言不地道　　　　　D 很多中国人的普通话不地道

17－20.

　　加拿大有一种交通工具叫"老年巴士"，目前，越来越多的加拿大老人正放弃私人汽车而自愿乘坐"老年巴士"。

　　这种"老年巴士"不同于其他城市的公共汽车，它是一种会员式的出租车业务。老人们只需向设有这种服务的出租车公司交一定的入会费，并填写一张登记表，在公司将姓名、性别、年龄、家庭住址、原工作单位等基本情况输入电脑后，就可以享受公司提供的"老年巴士"服务了。从此，无论在城市的哪个角落，也不分白天还是夜晚，只要播通公司专用的服务号码，公司就可以通知最近的"老年巴士"去为用户服务。一般情况下，用户叫车后，"老年巴士"能在3—15分钟内到达。

　　"老年巴士"受青睐的另一个原因是它的费用低廉，比养车便宜，也低过一般出租车。现在，许多上班族也加入了乘坐"老年巴士"的行列，因为这样就不用再为油费、汽车保养费、维修费、保险费等操心了，只要有一部电话，一天24小时随时都可以享受到优质的服务。

17. "老年巴士"受欢迎的原因是什么？

　　A 老年人可以免费乘坐　　　　　　B 花钱少

　　C 车上不拥挤　　　　　　　　　　D 可以不用自己开车

18. "老年巴士"的服务对象是：

　　A 老年人　　　　　　　　　　　　B 上班族

　　C "老年巴士"会员　　　　　　　　D 所有人

19. "老年巴士"的服务时间是：

　　A 3分钟　　　　　　　　　　　　 B 15分钟

　　C 一天中的任何时间　　　　　　　D 白天

20. 关于"老年巴士"，下列哪一项错误？

　　A 不需要交会费　　　　　　　　　B 上班族也可以使用

　　C 使用时需要拨打公司电话　　　　D 需要填写登记表

21－24.

　　在中国的封建社会，龙是皇权的象征。汉代以来，龙就逐渐代表皇帝了。到了元、明、清时期，皇帝龙袍上和宫殿中的龙都是五爪大龙。龙与皇权本无关系，很长时间以来，它只是一个神话形象或者民间信仰。中国民间认为龙是<u>司雨</u>之神，因此每遇旱年，

民间举行求雨祈丰的活动都是进龙王庙，拜老龙王。即使在平常年岁，人们祭祀龙王，也有祈福消灾、期盼丰年的意思。封建帝王想要借龙的威严，就一纸昭示把"龙"收为皇家专用了，如，帝王出生称"龙诞"，未即位时称"龙潜"，登基之后称"龙飞"，创立王业称"龙兴"，子孙后代称"龙种"。

21. 龙从什么时候开始成为皇权的象征？
　　　A 汉代　　　　　　　B 元代　　　　　　　C 明代　　　　　　　D 清代

22. 画线词语"司雨"的"司"最有可能是什么意思？
　　　A 经营　　　　　　　B 统治　　　　　　　C 负责　　　　　　　D 领导

23. 封建帝王为什么把"龙"收为皇家专用？
　　　A 龙和皇权有很大关系　　　　　　　B 希望可以祈福消灾
　　　C 为了后代子孙　　　　　　　　　　D 想要借龙的威严

24. 下列关于龙的说法，正确的是哪一项？
　　　A 龙是为帝王创造的　　　　　　　　B 祭祀龙王是帝王的权利
　　　C 只有干旱的时候祭祀龙王　　　　　D 民间拜龙王是为了祈福消灾

25－28.

有位太太请了个修理工到家里粉刷墙壁。修理工一走进门，就发现那位太太的丈夫是位盲人，他顿时露出了怜悯的目光。可是男主人却很开朗乐观，修理工在那里工作了几天，他们谈得很投机，修理工也从未提起男主人的缺憾。工作结束，修理工取出账单，那位太太发现修理工在事先说好的价钱的基础上，给他们打了一个很大的折扣。她就问修理工："怎么少算这么多钱呢？"修理工回答说："我跟你先生在一起时觉得很快乐，他对人生的态度，使我觉得自己的境况还不算最坏。所以减去的那一部分，算是我对他表示的一点儿谢意，因为他，我才没有把工作看得太苦！"

这位太太不由得泪流满面，因为这位慷慨的修理工，他自己只有一只手。

或许我们无法改变我们所处的环境，但我们可以改变心境，调整态度，以此来适应一切环境。毕竟，你的生活并非完全由生活中所发生的事决定，更重要的，是你看待事物的态度。

25. 那位太太为什么请了修理工？

    A 她丈夫最近失明了，需要治疗   B 墙壁需要修理粉刷

    C 她丈夫需要找人聊天   D 他们需要搬家

26. 修理工工作了多长时间？

    A 一天   B 几天   C 一个星期   D 几个星期

27. 关于账单，我们可以知道什么？

    A 比事先说好的便宜   B 比事先说好的贵

    C 跟事先说好的一样   D 没有打折扣

28. 关于修理工，我们可以知道什么？

    A 他非常健康   B 他不算慷慨

    C 他看不起男主人   D 他有着积极的生活态度

29-32.

　　说话一般是双向的，不论是在公共场合发表演 讲，还是和别人随意交谈，除了说话人以外，还有说 话的对象。为此，说话人就不能想说什么就说什么， 而要分对象，从对象的不同特点出发，说出合适的 话，有礼貌的话，从而创造一种和谐、融洽的气氛， 达到说话的目的。

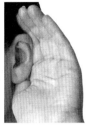

　　对小孩子或者同龄人，说话时要坦诚、亲切；对老年人或自己的师长，说话时 则要尊重他们，让他们感受到你是有教养、懂礼貌的晚辈。

　　要做到说话时分对象，就需要了解对象。对方的性别、年龄，很容易看出来， 身份、职业、文化修养等则必须通过言谈话语去了解。因此，与陌生人见面，不要 急于说什么，而要先学会倾听。如果对方彬彬有礼，你也应该文雅、和气、谦逊； 如果对方说话很直，不拐弯抹角，你也应该坦诚、实在，想到什么就说出来；如果 对方情绪低落，不爱说也不想听，你就应该少说几句，或者干脆不说。

29. 关于说话，下列哪项说法正确？

　　A 说话是单向的　　　　　　　　　　B 可以想说什么就说什么

　　C 要根据对象的不同特点说话　　　　D 不需要了解说话的对象

30. 对小孩子应该怎样说话？

　　A 想说什么就说什么　　　　　　　　B 谦逊

　　C 少说几句　　　　　　　　　　　　D 坦诚、亲切

31. 下列哪项不需要通过说话就可以了解？

　　A 职业　　　　　　B 文化修养　　　　　　C 年龄　　　　　　D 身份

32. 谈吐文雅、谦逊时所针对的说话对象是谁？

　　A 同龄人　　　　　　　　　　　　　B 小孩子

　　C 情绪低落的人　　　　　　　　　　D 彬彬有礼的人

33－36.

　　1975年1月，纽约。我快乐得几乎发疯。我拿到了美国著名出版商阿尔弗雷德·诺卜夫亲自签署的出书合同，他愿意帮助我实现一个伟大的计划，出版一部我写的从现代追溯到古希腊的动人的爱情故事。

　　但是，那天晚上，我感觉我可能铸成大错了。因为到那天晚上为止，我还没构思出这部书的提纲，然而签署了合同就意味着这件事已经是既成事实，覆水难收了，我觉得这件事我做得太轻率了。

　　我怎样去想象古希腊人的恋爱方式呢？我又怎样去想象古基督徒的禁欲主义呢？或者中世纪的骑士和贵夫人，或者……够了！这是办不到的，是我力所不能及的。

　　1975年1月。经过大半夜的辗转反侧，想到我签了合同的那部洋洋大作的种种困难，我记起了悬崖上的那一课。如果只看下一步，可能就不至于疑虑重重了。

　　两年后的一个令人心花怒放的下午，六百多页书稿的最后一页从我的打字机上脱稿了。我像孩子似的欢乐地翻起了筋斗。

33. "我"的书稿的主要内容是什么？

　　A 古希腊人恋爱方式　　　　　　　B 古基督徒的禁欲主义
　　C 从现代追溯到古希腊的爱情故事　D 中世纪的骑士和贵夫人

34. 那天晚上"我"为什么辗转反侧？

　　A 高兴得无法入睡　　　　　　　　B 犯了很大的错误
　　C 担心无法完成书稿　　　　　　　D 记起了悬崖上的一课

35. "我"的书稿最后是什么时候完成的？

　　A 1975年　　　　　B 1976年　　　　　C 1977年　　　　　D 1978年

36. "我"是怎样克服重重疑虑的？

　　A 寻求阿尔弗雷德·诺卜夫的帮助　　B 去学校上课学习
　　C 有孩子的帮助　　　　　　　　　　D 告诉自己只想接下来应该做的

37 - 40.

作为一名教师，我总是以自身的言行自觉或不自觉地影响着学生。从这个意义上讲，纯粹的教书匠是不存在的。要教好书、育好人，首先要有高尚的师德，这里既包括为人师表，用自己的行动体现良好的教育思想，又包括对学生满怀深厚的情感和爱。

"数子十过，不如奖子一长"，事实证明，抓住孩子们积极向上的心理，多以温和热忱的方式对待他们，常常比过多地、一味地指责、否定，效果要好得多。

我觉得，教师应该具有四重身份：是教师又是学生，是父母又是朋友。扮演好这四重身份，受益的是学生，也是教师自己。扮演好这四重身份，"亲其师，信其道"的效果会油然而生，良好的教与学的心境也会油然而起。师生的关系是和谐的，课堂的气氛是和谐的，学生的发展也是和谐的。师生为此都会有一种愉悦的体验。

37. 在上文中，"纯粹的教书匠"是指什么样的人？

　　A 以教书为职业的人　　　　　　　B 只传授知识的老师

　　C 能以自身言行影响、教育学生的老师　　D 用知识打动学生的老师

38. 文中画线句子"数子十过，不如奖子一长"是什么意思？

　　A 孩子有十个过错，不如一个长处

　　B 数数孩子的十个过错，不如奖励一个长处

　　C 对孩子应以表扬、奖励为主

　　D 数一下孩子的十过，奖励孩子的一长

39. "亲其师，信其道"中的两个"其"分别指的是谁？

　　A 老师、学生　　　　B 学生、老师　　　C 老师、老师　　　D 学生、学生

40. 上文应该是：

　　A 一位老师的自述　　　　　　　　B 别人对一位老师的介绍

　　C 别人对老师的评价　　　　　　　D 学生们对一位老师的评价

41 – 44.

　　"有眼不识泰山"常常用来表示自己的见识太少，有名望的人在自己眼前也认不出来。但是这个"泰山"可不是指的五岳泰山，它其实指的是一个叫泰山的人。这句俗语的来源，倒是一个很有趣的故事。

　　话说木匠的祖师爷是鲁班，他的手艺巧夺天工，非常精湛。传说他曾用木头做成飞鸟，在天上飞了三天三夜都没有下来。可就是这样一位高人，也有<u>看走眼</u>的时候。鲁班招了很多徒弟，为了维护班门的声誉，他定期会考察淘汰一些人，其中有个叫泰山的，看上去笨笨的，来了一段时间，手艺也没有什么长进，于是鲁班将他扫地出门。几年以后，鲁班在街上闲逛，忽然发现了许多做工精良的家具，这些家具很受人们欢迎。鲁班就想，做家具的人是谁啊？这么厉害！有人在一旁告诉他："就是你的徒弟泰山啊。"听后，鲁班不由感慨地说："我真是有眼不识泰山啊！"

41. 有眼不识泰山中的"泰山"指的是什么？

　　A 一座山　　　　　B 一个人　　　　　C 一个故事　　　　D 一个地方

42. 鲁班的职业是什么？

　　A 木匠　　　　　　B 老师　　　　　　C 清洁工　　　　　D 驾驶员

43. 文中画线词语"看走眼"是什么意思？

　　A 眼睛不好　　　　B 看对了　　　　　C 看得太远　　　　D 看错了

44. 泰山为什么被淘汰了？

　　A 鲁班嫉妒他　　　　　　　　　　　B 太笨了
　　C 手艺没有进步　　　　　　　　　　D 学习时间太长了

45－48.

　　培养孩子良好的读书习惯很重要。孩子还小的时候，读书大多是随意的行为。随着年龄增大，孩子的阅读就开始需要父母提供一些指导，从而使孩子掌握一些阅读的技巧。

　　首先父母要学会让孩子改变一些观念，比如孩子的阅读速度太慢了，但这并不是不可改变的，要提高阅读速度其实并不难，如果十分渴望读快一点儿，真的就能够读快。阅读速度可以成倍、成十倍地提高，一目数行并不是天才的专利，提高阅读速度与理解文章内容没有根本上的矛盾。

　　另外，及时纠正孩子的一些不良的阅读习惯，也十分重要。眼睛距离书本太近，默读的时候总是轻声地读出声来，歪着脑袋、躺着或是伏在桌子上阅读，喜欢一口气读几个小时等，这些都是不良的阅读习惯。眼睛距离书本太近，一是会损害视力，二是会极大妨碍阅读的速度。阅读时，眼睛应该距离书本远一些，一般来说一尺左右为宜。眼睛离页面远，视野就宽阔，视网膜成像的文字就多。这样一来，一次摄入的就不再是一个字或一个词语，而是一大块、整段甚至几段的文字。只要养成习惯，一目数行是很容易的事情。另外，朗读出声音也是阅读速度慢的一个原因。当然，读出声对记忆是有好处的，因为这是一种多重刺激。但是记忆和理解是有区别的，少了一种记忆手段并不意味着理解能力会下降。

45. 孩子小的时候，读书有什么特点？

　　A 需要父母指导　　　B 需要掌握技巧　　　C 需要改变观念　　　D 多是随意的行为

46. 下列哪项不属于不良的阅读习惯？

　　A 躺着看书　　　　　　　　　　　B 眼睛距书本过近
　　C 速度越快理解越差　　　　　　　D 默读的时候出声

47. 下列哪项是导致阅读速度慢的原因？

　　A 默读的时候出声　　　　　　　　B 看书太少
　　C 躺着看书　　　　　　　　　　　D 一口气读太长时间

48. 根据上文，下列哪项正确？

　　A 阅读速度不可以改变　　　　　　B 读书出声有助于理解
　　C 只有天才才可以一目数行　　　　D 应培养孩子良好的阅读观念和习惯

49-52.

火的使用是人类文明进步的一种表现。原始社会时期，人们起初依赖于保存天然火种，以煮食和取暖，后来才逐渐脱离保存天然火种的阶段，掌握人工取火技术。

在中国古代神话传说中，是燧人氏发明了钻木取火，而希腊神话中，也有普罗米修斯从天上取来火种的故事。另外，还有阿基米德利用"取火镜"击退敌军的故事。传说，公元前3世纪，罗马人入侵希腊，希腊的科学家、发明家阿基米德制造了巨大的凸玻璃镜，将阳光聚集起来，烧毁了罗马人的战舰。

然而真正最早发明取火器具的还是中华民族的祖先。据《周礼》一书记载，大约在西周时期，就有一类专门管理火种的官员。他们总是手托一种叫"阳燧"的取火器，从阳光中取火。这个记载比阿基米德的发明要早几个世纪。后来，《墨经》一书对镜子成像、取火的原理也做了深入的研究。

1995年3月，陕西省扶风县黄堆村发现了一处西周时期的古墓群，其中的60号墓距今约有2900年。在这座古墓中，考古工作者发现墓主右手下面有一面青铜铸成的圆形凹面镜，经科学测定，这是一面标准的球面镜，凹面曲率半径为20厘米。无疑，这就是古书中所说的阳燧。技术人员按照这面凹面镜的形状和尺寸复制了一面阳燧，在强烈的阳光下，不到一分钟时间，阳燧便将易燃物点着了。至此，书证、物证齐全，证明阳燧正是当代太阳灶的先祖，是中华民族的又一大发明。

49. 根据上文，谁是发明钻木取火的人？

    A 管火种的官员   B 阿基米德   C 普罗米修斯   D 燧人氏

50. 对镜子取火原理进行深入研究的是：

    A 《周礼》   B 《墨经》   C 普罗米修斯   D 阿基米德

51. 证明"阳燧"存在的物证距今约有多少年？

    A 公元前3世纪   B 2900年   C 1995年   D 1959年

52. 当代太阳灶的先祖产生于什么地方？

    A 罗马   B 希腊   C 中国   D 西周

53－56.

有一个人的家里有一片鱼塘，他每年都要靠这片鱼塘赚些钱，来养活自己和家人。可是鱼塘附近有很多鱼鹰，常常一群群地来抓鱼吃，赶也赶不走，抓又抓不住，养鱼人为此很是发愁。

有一天，鱼鹰又来吃鱼，养鱼人跑过去冲它们挥挥手，鱼鹰便受惊跑了。养鱼人灵机一动，想出了一个好办法。他扎了一个稻草人，把它插在了鱼塘里，以此来吓唬鱼鹰。鱼鹰果真以为稻草人是真人，因此很害怕，只敢在稻草人的上空盘旋，一点儿都不敢接近它。

这样过了几天，鱼鹰果然没再来吃鱼。可是渐渐地，它们见鱼塘里的人总是一动不动，就起了疑心，于是不断地大着胆子飞下来看。这样一来，它们很快就发现了这是个假人，就又飞下来啄鱼吃。鱼鹰肚子吃饱了，就站在稻草人的斗笠上，边晒太阳边休息，很是悠闲，还不停地发出"假假、假假"的叫声，好像是在嘲笑养鱼人说："假的，假的，这个人是假的啊！"

养鱼人生气极了，趁着鱼鹰不在的时候，养鱼人悄悄把稻草人从鱼塘里拔出来拿走了，自己披上蓑衣，戴上斗笠，手里拿根竹竿，像稻草人一样伸开双臂站在鱼塘里面。

过了一会儿，鱼鹰又来了，它们以为鱼塘里站着的还是原先的假人，就又放心大胆地下来吃鱼。吃饱之后，鱼鹰又飞到养鱼人的斗笠上休息。养鱼人趁着它不注意，一伸手就抓住了鱼鹰的爪子。鱼鹰使劲地鼓动着翅膀，可是却怎么也挣不脱。养鱼人笑呵呵地说："原先是假的，可是这一回是真的啊！"

这个故事告诉我们，事物总是不断发展变化的，如果一成不变地凭老经验办事，不注意发现新情况，就免不了会吃大亏。

53. 养鱼人为什么发愁?

　　A 不能养活家人　　B 鱼塘不赚钱　　　C 死了很多鱼　　　D 赶不走鱼鹰

54. 鱼鹰真正怕的是什么?

　　A 稻草人　　　　　B 没有鱼吃　　　　C 养鱼人　　　　　D 竹竿

55. 养鱼人为什么要带上斗笠?

　　A 伪装成稻草人　　B 让鱼鹰休息　　　C 防止太阳晒伤　　D 正在下雨

56. 下列哪项最能体现文章的主旨?

　　A 鱼鹰最终被抓　　B 养鱼人和鱼鹰　　C 不要太贪心　　　D 跟随变化的脚步

57－60.

中国是世界上的产虎大国之一，有东北虎、华南虎、孟加拉虎等栖息于此，其中以东北虎最为 名贵。

东北虎主要分布在中国东北的小兴安岭和长白山区。它体魄强健，行动敏捷，肩高1米以上，身长2.8米左右，尾长约1米，体重可达350多公斤，有"丛林之王"的称号。东北虎的毛色鲜明美丽，虎爪和犬齿锋利无比，这是它赖以生存的有力武器。

东北虎一般住在600—1300米的高山针叶林地带，主要靠捕捉野猪、黑鹿和孢子为生。它们白天在树林里睡大觉，喜欢在傍晚或黎明前外出觅食，它们的活动范围可达60平方公里以上。东北虎一年大部分时间都在四处游荡，它们独来独往，没有固定住所。只是每年到了冬末春初的发情期，雄虎才会筑巢来迎接雌虎。之后，雄虎多半会不辞而别，而把产仔、哺乳和养育的任务全部推给雌虎。雌虎的怀孕期约3个月，多在春夏之交或者夏季产仔，每胎产2—4个虎仔。雌虎生育之后，性情会变得特别凶猛、机警。出去觅食时，总是小心谨慎地先把虎仔藏好，防止被人发现，回窝时也往往不走原路，而是沿着山岩溜回来，不留一点儿痕迹。虎仔稍大一点儿，雌虎外出时就会将它们带在身边，教它们捕猎的本领。一两年后，小虎就能独立活动了。东北虎的寿命一般为28年左右。

常言道"谈虎色变""望虎生畏"，说明在人们的心目中，老虎一直是危险而凶狠的动物。然而，在正常的情况下，东北虎一般不会轻易伤害人畜。它们是捕捉破坏森林的野猪、孢子的神猎手，而且还是饿狼的死对头，因此人们赞誉东北虎是"森林的保护者"。

57. 东北虎生存的有力武器是什么？

　　A 敏捷的动作　　　　B 强健的体魄　　　　C 锋利的虎爪、犬齿 D 鲜明的毛色

58. 雄虎一般什么时候筑巢？

　　A 冬末春初　　　　　B 春夏之交　　　　　C 夏季　　　　　　　D 冬季

59. 一只东北虎的寿命大概是多少年？

　　A 一两年　　　　　　B 两三年　　　　　　C 二十八年　　　　　D 六十年

60. "谈虎色变"反映了人们对老虎性情特点怎样的认识？

　　A 机警　　　　　　　B 凶狠　　　　　　　C 友善　　　　　　　D 孤独

3. 쓰기 ✏

쓰기 영역은 2개의 부분으로 구성되어 있다. 제1부분은 주어진 단어를 알맞게 배열하여 문장을 완성하는 유형이고, 제2부분은 제시어와 사진을 이용하여 작문을 하는 유형이다.

제1부분 제시어 배열하여 문장 만들기

1 문제풀이 가이드

쓰기 영역 제1부분은 총 8문항이 출제된다. 문항마다 4~5개의 단어 혹은 구가 제시되고, 이것들을 알맞게 배열하여 하나의 완전한 문장을 만드는 어순 배열 문제이다. 문제를 풀 때, 먼저 어법에 맞는지 고려해야 하고, 또한 논리 관계에 부합하는지 고려해야 한다. 알맞게 배열한 뒤에는 완성된 문장을 읽어보고, 어감도 살펴보도록 한다.

2 문제풀이 테크닉

쓰기 영역 제1부분은 단어들을 조합해서 하나의 매끄러운 문장을 만들도록 요구한다. 문장 구조와 관련 지식을 얼마나 잘 파악하고 활용할 수 있는지를 평가하는 문제이다.

1. 먼저 문장의 중심 성분을 파악한다.

중국어 문장의 기본 구조: [주어(S)+술어(V)+목적어(O)]
- 주어: 인칭대명사나 명사가 주로 주어를 담당한다.
- 술어: 동사나 형용사가 주로 술어를 담당한다.
- 목적어: 동사 술어 뒤에 대상이 되는 성분이다.

新增了　　运动设施　　许多　　我们操场上

해설

문장구조　장소 명사(주어) + 동사 술어 了 + 목적어(사람/사물) [존현문]

분석풀이　① 동사 술어 + 목적어 → 新增了 + 运动设施　운동 시설을 새롭게 늘렸다
　　　　　② 주어(장소 명사) → 我们操场上　우리 운동장에
　　　　　③ 许多 + 명사 → 许多 + 运动设施　많은 운동 시설

문장완성　我们操场上新增了许多运动设施。　우리 운동장에 많은 운동 시설을 새롭게 신설했다.

2. 수식어 성분인 관형어, 부사어, 보어의 위치에 주의해야 한다.

- 관형어: 명사를 수식하는 성분이다. [관형어 + (的) + 명사]
- 부사어: 주로 동사성 성분을 수식한다. [부사어 + (地) + 술어]
- 보어: 술어 뒤에서 술어를 수식한다. [술어 + (得) + 보어]

예제

大方　　他　　十分　　得　　表现

해설

문장구조　주어 + 동사 술어 + 得 + 보어

분석풀이　① 주어 + 동사 술어 → 他 + 表现　그가 행동하다
　　　　　② 十分(정도 부사) + 형용사 → 十分 + 大方　매우 대범하다
　　　　　③ 동사 술어 + 得 + 정도 보어 → 表现 + 得 + 十分大方　매우 대범하게 행동하다

문장완성　他表现得十分大方。　그는 매우 대범하게 행동했다.

3. '把'구문, '被'구문과 같은 특수 구문의 격식을 이해해야 한다.

❶ '把'구문: [주체 + 把 + 명사(대상) + 동사 술어 + 기타 성분]

　예　我不小心把这条短信删除了。　나는 부주의해서 이 문자를 삭제했다.
　　　上午要把任务分配一下。　오전에 임무를 분배해야 한다.

❷ '被'구문: [명사(대상) + 被/叫/让/给 + 주체 + 동사 술어 + 기타 성분]

　예　这条短信被我不小心删除了。　이 문자는 내 부주의에 의해서 삭제되었다.
　　　这项方案被总裁否定了。　이 방안은 총재에 의해 부결되었다.
　　　桌上的苹果让他吃了。　책상 위의 사과는 그가 먹었다.

4. 의문이나 감탄 등의 표지가 있을 때 부호에 주의해야 한다.

> 예 昨天谁去开会了? 어제 누가 회의하러 갔니?

예제 1

我应该	矛盾	如何	和她的	处理

해설

문장구조 如何(=怎么) + 동사   어떻게 ~할 것인가?

분석풀이 ① 如何 + 동사 → 如何 + 处理   어떻게 처리할 것인가?
② 和她的 + 명사 → 和她的 + 矛盾   그녀와의 갈등
③ 应该(조동사) + 동사 → 应该 + 如何处理   마땅히 어떻게 처리해야 하는가?

문장완성 我应该如何处理和她的矛盾?   나는 그녀와의 마찰을 어떻게 처리해야 하는가?

예제 2

汉语发音	我的	存在	不足	很多

해설

문장구조 주어 + 동사 술어 + 목적어

분석풀이 ① 주어 + 동사 술어 + 목적어 → 汉语发音 + 存在 + 不足
중국어 발음은 부족함이 존재한다

② 很多 + 명사 → 很多 + 不足   많은 부족함
③ 我的 + 명사 → 我的 + 汉语发音   나의 중국어 발음

문장완성 我的汉语发音存在很多不足。   나의 중국어 발음은 많은 부족함이 존재한다.

예제 3

决定以后	就	犹豫	不要

해설

문장구조 不要 + 동사 술어   ~하지 마라

분석풀이 ① 决定 + 시간 명사 → 决定 + 以后   결정하고 난 후에
② 不要(부정 부사) + 동사 술어 → 不要 + 犹豫   망설이지 마라
③ 决定以后 + 동사 술어 → 决定以后 + 不要犹豫   결정하고 난 후에는 망설이지 마라

문장완성 决定以后就不要犹豫。   결정하고 난 후에는 망설이지 마라.

중국어 문장의 기본 구조를 생각하며 각 제시어의 성분을 파악하여 완전한 문장을 만들어 보자.

第1-24题：完成句子。

1. 把握　　他对　　明天的　　没有　　手术

2. 这次　　巨大的　　造成了　　地震　　经济损失

3. 无人驾驶　　如何　　汽车的　　安全性

4. 匆忙　　生活　　现代人的　　每天都　　很

5. 别人　　不要　　的时间　　耽误　　请

6. 性格　　她的　　有点儿　　内向　　的确

7. 社会的　　人人　　都要　　规则　　遵守

8. 由　　这个　　部分　　汉字　　三个　　构成

9. 的机会　　有　　我们　　很多　　交流

10. 影响　　她　　大了　　对我的　　简直太

11. 要求　　不够　　你　　提的　　合理

12. 取得　　学期　　她这个　　很好的　　成绩　　了

13. 现在正在　　激烈的　　足球比赛　　一场　　进行

14. 建议　　我　　仔细　　会　　考虑　　你的

15. 她　　没有　　假装　　生气

16. 实现　　我们　　自己的　　要靠　　努力　　目标

17. 要　　遇到　　勇敢地　　问题　　面对

18. 交一个月　　需要　　租房子　　押金

19. 他是　　严肃的　　一个　　非常　　老师

20. 面临　　失业的　　风险　　许多人　　着

21. 消费　　中国的　　越来越　　水平　　高

22. 不断　　我们的　　制度　　正在　　完善

23. 将于　　第六届　　举行　　北京　　艺术节

24. 本场　　以　　武术　　演出　　为主

정답은 부록에서 확인할 수 있습니다.
해설은 해설집 PDF 96p에 있습니다.

1 문제풀이 가이드

쓰기 영역 제2부분의 첫 번째 문제는 주어진 5개의 단어를 모두 사용하여 80자 내외의 짧은 글을 완성하는 유형이다. 문항 수는 1개이며, 관련 단어와 문장 구조를 바르게 사용하여 하나의 이야기를 만드는 작문 실력을 평가한다.

2 문제풀이 테크닉

주어진 단어를 정확하게 이해하고 판단해야 할 뿐만 아니라, 어법 어순에 오류가 없는 문장을 만들어야 좋은 점수를 얻을 수 있다. 또한 주어진 단어를 사용하여 문장을 만들고, 짧은 글을 완성하는 데 그치지 않고, 이야기를 짜임새 있게 구상하여 전체적인 글의 흐름도 고려해야 한다.

1. 제시된 5개 단어의 품사와 의미, 쓰임새를 먼저 정확히 파악해야 한다.
제시된 단어를 파악하면서 어떤 상황에 적합한지, 무엇과 연관 지을 수 있을지 생각한다.

2. 서술형이나 묘사형의 글을 쓰도록 한다.
자신이 겪었던 일이나 알고 있는 이야기, 인물이나 사물 묘사 등 비교적 잘 알고 있는 화제로 글을 전개하는 것이 좋다. 시간, 장소, 인물, 사건, 인과 등 몇 가지 큰 요소를 이용하여 문장의 뼈대를 만들고 그 속에 단어들을 끼워 넣으면 된다.

3. '把', '被'를 이용한 특수 구문이나 강조, 비교, 비유 등 수식 용법을 활용한다.
문장의 내용을 한층 풍부하게 할 수 있고 문장의 표현 능력을 극대화할 수 있다.

4. 시간과 글자 수를 엄수해야 하며, 필적이 단정하고 깨끗해야 한다.
무엇보다 정해진 시간 안에 정해진 분량의 글을 쓰는 것이 기본이다. 전체 문장을 다 완성한 이후에 빠진 글자나 틀린 글자가 있는지, 맥락이 자연스러운지, 잘못된 문장이 있는지 다시 한번 점검한다. PBT 시험 방식을 선택한 수험생은 답안지 안에 글자도 단정하고 깨끗하게 써야 한다.

쓰기

元旦　　放松　　礼物　　表演　　善良

해설

어휘분석　元旦 圐 신년(양력 설날) ▶ 주요 명절이자 시간을 나타낸다.

放松 圐 (긴장된 상태를) 느슨하게 이완하다
　　　예 最近太累了想放松一下。　요즘 너무 피곤해서 좀 쉬고 싶다.
　　　过节想放松一下。　명절을 보내며 좀 쉬고 싶다.

礼物 圐 선물 ▶ 명절과 연관 지어 선물을 주고 받으며 정감을 표현하는 내용을 떠올릴 수 있다.

表演 圐 공연　예 看表演　공연을 보다
　　　圐 공연하다　예 表演一个节目　공연을 하다

善良 圐 착하다, 선량하다

내용구상　시간은 '元旦', 하고 싶은 일은 '放松', 방법은 '礼物'를 주거나 '表演'을 보는 것이며, '善良'은 문장을 써나가는 과정에서 사람을 묘사하는 문장 속에 넣어 첨가할 수 있다.

작문예시

		元	旦	的	时	候	，	我	们	放	了	三	天	假	。
我	和	我	的	朋	友	想	利	用	这	个	时	间	好	好	放
松	一	下	，	最	后	我	们	决	定	去	看	一	场	舞	蹈
表	演	。	这	场	表	演	非	常	精	彩	，	我	们	都	很
喜	欢	。	看	过	表	演	之	后	，	我	的	朋	友	送	给
我	一	个	礼	物	，	我	很	高	兴	，	我	觉	得	她	是
一	个	非	常	善	良	的	人	。							

설날에 우리는 3일 휴가다. 나와 내 친구는 이 시간을 이용하여 잘 쉬고 싶었고, 결국 우리는 댄스 공연을 보러 가기로 결정했다. 이 공연은 무척 훌륭해서 우리는 모두 좋아했다. 공연을 본 후에 친구가 선물을 줘서 너무 기뻤다. 나는 그녀가 너무나 좋은 사람이라고 생각한다.

结账　　干脆　　感谢　　临时　　海鲜

해설

어휘분석　结账 圐 계산하다 ▶ 소비하고 난 후 결제가 필요한데, 소비하는 행위는 물건을 사거나, 밥을 먹는 등의 상황으로 정할 수 있다.

干脆 圐 아예, 차라리　圐 시원시원하다

感谢 圐 감사하다

临时 [형] 임시의, 계획 없이 [부] 임시에, 갑자기

海鲜 [명] 해산물 ▶ 해산물을 먹거나 사고 나서 결제하는 것으로 설정할 수 있다.

내용구상 식당에서 해산물을 먹었고(吃海鲜), 계획에 없던(临时) 큰 지출이라 계산(结账)을 못하는 상황이 발생했지만 사장님의 시원시원한(干脆) 배려로 잘 해결되어 감사(感谢)함을 전하는 것으로 설정할 수 있다.

작문예시

		我	和	男	朋	友	昨	天	在	饭	馆	里	吃	完	海
鲜	要	结	账	的	时	候	,		才	发	现	我	们	的	钱	不
够	了	。	因	为	我	们	是	临	时	决	定	来	这	儿	吃
饭	的	,	没	想	到	花	了	这	么	多	钱	。	我	们	只
能	请	求	饭	馆	老	板	让	我	们	回	家	拿	钱	后	再
结	账	,	结	果	说	话	干	脆	利	索	的	老	板	同	意
了	,	我	们	真	应	该	好	好	感	谢	他	。			

나와 남자친구는 어제 식당에서 해산물을 다 먹은 후 계산하려고 했을 때, 그제야 우리의 돈이 부족한 것을 알았다. 우리는 갑작스럽게 이곳에 와서 식사하기로 결정했기 때문에 이렇게 많은 비용이 들지 예상하지 못했다. 우리는 식당 주인에게 집에 가서 돈을 가져와 계산하게 해달라고 부탁할 수밖에 없었고, 결국 호쾌한 성격의 식당 주인은 이를 허락했다. 우리는 정말 그에게 감사해야 한다.

제시된 어휘의 품사, 뜻, 쓰임새를 먼저 파악하자. 이것들을 모두 사용할 수 있는 글의 내용을 구상하여 서론, 본론, 결론의 구조를 세워 써보도록 하자. 어휘의 사용 순서는 임의로 정할 수 있다.

第1-3题：请结合下列词语（要全部使用，顺序不分先后），写一篇80字左右的短文。

1. 不足　　提高　　练习　　帮助　　热心

2. 图书馆　　通常　　调整　　跳舞　　随着

3. 面对　　相同　　细节　　投入　　突出

1 문제풀이 가이드

쓰기 영역 제2부분 두 번째 문제는 주어진 그림을 보고 80자 내외의 짧은 글을 완성하는 유형이다. 문항 수는 1개이며, 관련 단어와 문장 구조를 바르게 사용하여 하나의 이야기를 만드는 작문 실력을 평가한다.

2 문제풀이 테크닉

1. 제시된 이미지에 무엇이 있는지 관찰한다. 물건, 인물, 장소, 행위, 사건 등의 정보를 파악한다.

2. 이미지에서 연상되는 것을 떠올려보거나 이미지의 내용을 평가해 보면서 작문 내용을 구상한다. 이때 인물, 사건, 원인, 방법 등 글의 요소를 고려하여 글을 구상한다.

   ❶ 이미지와 관련된 이야기를 떠올리며 서술 방식을 정한다.

   ⓐ 자신 혹은 친구가 겪은 일을 서술할 수 있다. 이때 인물, 시간, 장소, 사건, 원인 등의 요소를 생각하여 이야기의 흐름에 따라서 문장을 구성한다.

   ⓑ 이미지가 나타내는 의미에 대해서 평가나 설명을 할 수 있다. 평가나 설명을 하기 전에 현상에 대한 대략적인 소개가 있어야 한다.

   ❷ 적절한 접속사나 특수 구문 비교, 강조 등 수식 용법 등을 사용하여 문장의 내용을 풍부하게 하고 표현을 한층 극대화하면 좋은 점수를 얻을 수 있다.

3. 이미지의 내용과 동떨어지지 않는 소재로 정해진 시간 안에 정해진 분량의 글을 쓴다.

4. 문장이 매끄럽게 이어지는지, 앞뒤 문장의 접속 관계가 올바른지 확인한다. 오탈자 유무나 문장부호를 정확하게 표기했는지 주의한다. 표현의 정확성을 위해서 가능한 한 잘 알지 못하는 어휘나 어법은 피하도록 한다.

예제 1

해설 제시된 사진에는 낚시 금지를 나타내는 표지판이 세워져 있다. 주제어를 '禁止钓鱼(낚시 금지)'로 정하고, 낚시 금지와 관련된 경험담을 쓰거나 낚시 금지에 대해 논설·비평과 같은 글을 쓸 수 있다.

작문예시 1

		我	的	父	亲	非	常	喜	欢	钓	鱼	。	昨	天	,
他	又	去	了	我	们	家	附	近	的	一	条	小	河	边	钓
鱼	。	父	亲	以	前	去	过	这	个	地	方	,	那	时	候
河	里	的	鱼	很	多	而	人	却	很	少	,	所	以	他	非
常	喜	欢	这	个	地	方	。	可	是	昨	天	他	去	了	之
后	,	发	现	那	里	竟	然	立	了	一	个	"	禁	止	钓
鱼	"	的	标	示	牌	,	所	以	他	非	常	失	望	。	

나의 아버지는 낚시를 무척 좋아하신다. 어제 아버지는 우리 집 근처의 작은 강가에 낚시를 하러 가셨다. 아버지는 예전에 이곳에 가본 적이 있는데, 그때는 강에 물고기들이 많았고 사람은 적었다. 그래서 아버지는 이곳을 매우 좋아하신다. 그런데 어제 그곳에 갔을 때 뜻밖에도 '낚시 금지'라는 표지판이 세워져 있는 것을 보았다. 그래서 아버지는 무척 실망하셨다.

작문예시 2

		以	前	,	河	流	或	者	湖	泊	的	旁	边	很	少
有	"	禁	止	钓	鱼	"	的	标	示	牌	。	现	在	,	越
来	越	多	的	河	流	或	者	湖	泊	的	旁	边	竖	起	了
"	禁	止	钓	鱼	"	的	标	示	牌	。	我	想	这	是	一
种	有	效	的	保	护	野	生	资	源	的	方	法	,	每	个
人	都	应	该	遵	守	标	示	牌	的	规	定	。			

예전에는 강가나 호숫가에 '낚시 금지'라는 표지판이 드물었다. 지금은 점점 더 많은 강가나 호숫가에 '낚시 금지'라는 표지판이 세워졌다. 나는 이것이 야생 자원을 보호하는 하나의 효과적인 방법이며, 모든 사람들이 표지판의 규정을 준수해야 한다고 생각한다.

예제 2

해설 제시된 사진에는 즐겁게 대화하는 사람들이 있다. 주제어로 '聊天(잡담하다, 수다를 떨다)'을 생각하여 업무 휴식 시간에 커피나 차를 마시면서 가벼운 대화를 나누는 장면이라고 설정할 수 있다.

작문예시 1

		我	在	互	联	网	公	司	工	作	，	工	作	比	较
忙	，	很	少	有	时	间	和	地	方	休	息	。	但	是	，
前	几	天	公	司	把	一	间	办	公	室	改	造	成	了	茶
水	间	，	现	在	，	同	事	们	喜	欢	在	工	作	累	了
的	时	候	到	茶	水	间	里	喝	点	儿	茶	或	者	咖	啡
顺	便	再	聊	聊	天	，	对	我	们	来	说	，	这	是	一
种	非	常	好	的	放	松	方	式	。						

나는 인터넷 회사에서 일한다. 업무는 비교적 바쁘며, 휴게 시간이나 휴게 장소가 적다. 하지만 며칠 전에 회사에서 사무실 하나를 탕비실로 개조했다. 지금은 동료들이 업무가 지칠 때 탕비실에서 차나 커피를 마시며 대화를 나누는 것을 좋아한다. 우리에게는 이것이 매우 좋은 휴식 방법이다.

작문예시 2

		现	在	，	越	来	越	多	的	公	司	开	始	在	公
司	里	设	置	茶	水	间	或	者	休	息	室	，	主	要	目
的	是	给	员	工	创	造	一	个	可	以	休	息	、	放	松
的	地	方	。	除	了	休	息	和	放	松	，	员	工	们	还
可	以	在	这	里	聊	天	交	流	，	分	享	工	作	、	生
活	经	验	，	从	而	进	一	步	增	进	彼	此	之	间	的
感	情	。													

현재 점점 더 많은 회사들이 회사에 탕비실이나 휴게실을 만들기 시작했다. 주요 목적은 직원들에게 휴식하고 쉴 수 있는 장소를 마련해주는 것이다. 휴식을 취하는 것 외에도 직원들이 이곳에서 대화를 나누며 교류하고 업무와 생활 경험을 공유하여 상호 관계가 더욱 돈독해질 수 있다.

memo

연습문제 3문항

사진을 보고 먼저 주제를 정하여 글의 방향을 잡는다. 서론, 본론, 결론의 구조에 들어갈 중심 문장을 생각하며 글을 써 보자.

第1−3题：请结合这张图片写一篇80字左右的短文。

1.

2.

3.

PART

2

HSK
실전 모의고사

1회

新汉语水平考试
HSK（五级）
模拟试题（一）

注意

一、 HSK（五级）分三部分：

1. 听力（45题，约30分钟）

2. 阅读（45题，45分钟）

3. 书写（10题，40分钟）

二、 听力结束后，有5分钟填写答题卡。

三、 全部考试约125分钟（含考生填写个人信息时间5分钟）。

一、听力

第一部分

第1—20题：请选出正确答案。

1. A 医院
   B 慈善机构
   C 慈善学校
   D 外语学校

2. A 语言助手
   B 海报设计
   C 学生助理
   D 简历设计

3. A 1块
   B 2块
   C 3块
   D 4块

4. A 11:35
   B 10:50
   C 10:45
   D 10:35

5. A 10天
   B 半个月
   C 20天
   D 一个月

6. A 不是很好看
   B 女的不喜欢
   C 最近很流行
   D 适合年轻人

7. A 小王的同事
   B 小王的朋友
   C 小偷
   D 小王的父亲

8. A 太忙了
   B 太累了
   C 腿伤了
   D 腰伤了

9. A 书上写错了
   B 酱油太少了
   C 糖太少了
   D 时间太短了

10. A 朋友关系
    B 恋人关系
    C 亲戚关系
    D 同事关系

11. A 面试没通过
    B 考试没通过
    C 失业了
    D 生病了

12. A 汽车销售
    B 汽车司机
    C 汽车修理工
    D 汽车保险员

13. A 话剧很好看
    B 话剧不好看
    C 女的应去看
    D 幸亏去看了

14. A 11点
    B 11点10分
    C 11点20分
    D 11点半

15. A 她被提拔很开心
    B 她已经是所长了
    C 她马上就是所长了
    D 她现在还不是所长

16. A 春季
    B 夏季
    C 秋季
    D 冬季

17. A 北京
    B 杭州
    C 济南
    D 南京

18. A 小丽家
    B 医院
    C 公司
    D 办公室

19. A 小王心情不好
    B 小王对男的很生气
    C 小王没看见男的
    D 男的不是局长了

20. A 男的给自己取快递
    B 男的给朋友取快递
    C 取包裹不需要身份证
    D 男的今天能取到包裹

第二部分

第21-45题：请选出正确答案。

21. A 没有提前预约
    B 马上是周末了
    C 女的没有时间
    D 女的不想今天安装

22. A 塑料袋脏了
    B 男的很有环保意识
    C 男的要把塑料袋拿回来
    D 塑料袋不能再用了

23. A 下雨
    B 晴朗
    C 阴天
    D 刮风

24. A 在内科住院
    B 出车祸了
    C 在外科住院
    D 已经出院了

25. A 精力很充沛
    B 工作不认真
    C 做事太完美
    D 容易有压力

26. A 女的家已经装修完了
    B 女的不用买家具了
    C 女的需要去做窗帘
    D 男的不知道在哪儿做窗帘

27. A 建筑
    B 健康
    C 设计
    D 教育

28. A 儿子刚去幼儿园
    B 儿子喜欢去幼儿园
    C 应该跟老师沟通
    D 很了解儿子

29. A 法国餐厅
    B 北京体育场
    C 国家图书馆
    D 城市公园

30. A 女的第一次坐火车
    B 女的最近没坐火车
    C 现在饭菜可以送到座位上
    D 火车上没有餐车

31. A 不可以兼职
    B 可以适当兼职
    C 兼职越多越好
    D 兼职不利于学习

32. A 体会赚钱的乐趣
    B 思考个人的前途
    C 体会赚钱的艰辛
    D 可以让父母高兴

33. A 多语种外语学校
B 英语补习学校
C 汉语补习学校
D 知识补习学校

34. A 通过笔试分班
B 通过口试分班
C 通过笔试和口试分班
D 自己报名选择班级

35. A 由老师决定
B 根据课程决定
C 根据学习时间长短决定
D 由学员决定

36. A 狮子赢了
B 老虎赢了
C 都没有赢
D 都没有输

37. A 相互沟通
B 多展示自己
C 经常一起吃饭
D 经常一起玩儿

38. A 年糕
B 饺子
C 汤圆
D 米饭

39. A 北方人不吃年糕
B 南方年糕花样较少
C 北方年糕花样较少
D 年糕只在春节吃

40. A 与机器饺子相区别
B 表示很正宗
C 与手工饺子相区别
D 欺骗顾客

41. A 交给弟弟
B 使用扁担
C 两手交替拿
D 扔在路边

42. A 鞋子里的石头
B 路上的石头
C 生活中的困难
D 生活中的敌人

43. A 小方很漂亮
B 小方很有勇气
C 小方的工作好
D 小方想换工作

44. A 为了赚钱
B 换种生活方式
C 想当白领
D 家人的意见

45. A 很新鲜
B 很丰富
C 节奏快
D 很单调

二、阅 读

第一部分

第46－60题：请选出正确答案。

46－48.

　　一切的伟大都是由无数平凡__46__的。雷锋同志生前并未有轰轰烈烈的壮举，甚至是平凡得不能再平凡。但他却拥有平凡的魅力，那是人格的魅力，灵魂的魅力。最终有一天，他那平凡的魅力使得__47__社会为之感慨。今天，我们来到这里，不是说非要做惊天动地的好人好事，我们要从身边的小事做起，坚守自己的岗位，做好每一件自己力所能及的事，这才是最重要的。因此，我们要在平凡的过程中__48__人生的快乐。

46. A 构成	B 组合	C 组织	D 造成
47. A 整体	B 完整	C 全面	D 整个
48. A 在于	B 欣赏	C 寻找	D 造成

49－52.

　　人生百岁不是梦。根据江苏省民政厅发布的调查报告，江苏的百岁老人__49__了五千七百多名。比10年前增长了3.8倍。其中盐城市的百岁老人数量最多，__50__全省总数的四分之一。

　　随着年龄的增长，__51__，尤其是百岁以上年龄段。这种情况与国外百岁老人的情况也较为__52__。比如日本的百岁老人中，大约85％为女性。江苏的百岁奶奶是百岁爷爷的4倍。百岁老人的性格各有特点，大多数百岁老人具有自信的特点，经常处在自信的状态中。

49. A 实现	B 具有	C 达成	D 达到
50. A 快	B 才	C 占	D 就
51. A 男性和女性死亡率逐渐趋同		B 男性和女性死亡率越来越高	
C 女性死亡率越来越高于男性		D 男性死亡率越来越高于女性	
52. A 一致	B 一律	C 不同	D 特别

53－56.

　　那年，齐白石在当时的北平艺术专科学校当老师，___53___学生们画画儿。有一次，他的学生谢时尼在课堂上画了一幅《梅鸡图》。图画上一枝梅花艳丽俊秀，梅花下的公鸡画得非常___54___别致，特别是公鸡那弯弯的尾巴显得十分活泼可爱。

　　齐白石瞧着这幅画儿，___55___了很长时间，然后，笑着对谢时尼说："你画的这画儿太有味道了，能借我回去临摹一张吗？"谢时尼听了齐白石的话，起初还以为老师在跟他开玩笑。可是，他看到老师那副认真恳切的神情后，知道老师没有跟他开玩笑，就把《梅鸡图》交给了齐白石。

　　一周后，齐白石又来上课了。他讲完课后，便拿出自己临摹出来的画儿对谢时尼说："___56___？"

　　谢时尼被老师这种虚心认真的精神感动了。过了多年以后，每当谢时尼想起这件事时，都觉得老师这种虚心认真的学习精神值得他学一辈子。

53.　A 指使　　　　　B 教育　　　　　C 指导　　　　　D 指挥
54.　A 灵活　　　　　B 生动　　　　　C 鲜艳　　　　　D 活跃
55.　A 欣赏　　　　　B 重视　　　　　C 观看　　　　　D 赏识
56.　A 你看我临摹得比你好吗　　　　B 你看我临摹得好不好
　　　C 你的画儿我不还给你了可以吗　　D 我临摹得比你好

57－60.

　　许多年前，有一次，我借来医生的听诊器，静听自己的心跳，那一声声沉稳而有___57___的跳动，给我极大的震撼，这就是我的生命，单单属于我的。我可以好好地使用它，也可以白白糟蹋它；我可以使它___58___一个有意义的人生，也可以任它荒废，庸碌一生。一切全在我一念之间，我必须对自己负责。

　　虽然肉体的生命___59___，生老病死也往往令人无法捉摸，但是，让有限的生命发挥出无限的价值，使我们活得更为光彩有力，___60___。

57.　A 规律　　　　　B 规则　　　　　C 规定　　　　　D 规矩
58.　A 通过　　　　　B 经过　　　　　C 度过　　　　　D 渡过
59.　A 短暂　　　　　B 暂时　　　　　C 片刻　　　　　D 不足
60.　A 我们并不能掌握　　　　　　　B 我们才可以活得精彩
　　　C 就是人生的价值　　　　　　　D 却在我们自己的掌握之中

第二部分

第61－70题：请选出与试题内容一致的一项。

61. 中国城市学生肥胖率惊人，肥胖现象不容乐观，这将严重影响学生身体和智力发育，为心血管病和糖尿病早发埋下隐患。缺乏营养知识，膳食不平衡，是学生肥胖的主要原因。

    A 中国城市学生肥胖率较低
    B 肥胖不影响学生智力发育
    C 肥胖和心血管病早发没有关系
    D 学生肥胖主要是因为饮食不平衡

62. 大豆是经济实惠、富含营养的食物。其蛋白质含量是瘦猪肉的两倍，并且还含有丰富的维生素以及钙、铁、锌等几十种矿物质。大豆经研磨加工后出的豆浆，可以全面调节代谢循环，分解多余脂肪，平衡营养结构。

    A 大豆的价格较高
    B 大豆比猪肉的蛋白质含量低
    C 大豆含有多种矿物质
    D 豆浆没有大豆营养丰富

63. 如果天气持续保持过度的炎热，或伴随有很高的湿度，就可能会产生热浪。这个词通常与地区相联系，一个较热地区的正常温度对一个较冷的地区来说可能是热浪。一些地区比较容易遇到热浪天气，例如夏干冬湿的地中海气候地区。热浪带来的高温会引起死亡，特别是老年人的死亡。

    A 热浪天气湿度很低
    B 达到一定温度才可以称为热浪天气
    C 地中海气候地区较易遇到热浪天气
    D 热浪天气对老年人没有影响

64. 上海虹桥火车站内，车站广播不停地播放着列车晚点信息，部分滞留旅客只能在候车室中等候，打算乘坐高铁从上海前往天津的陆小姐便是其中之一。不过，她也对火车晚点表示理解："因为是天气影响，除了等待也没有更好的办法，毕竟安全第一。"

A 陆小姐的火车没有晚点　　　　　B 列车晚点主要是天气影响
C 很多人对火车晚点不理解　　　　D 天气不好时列车也不应该晚点

65. 泰山位于山东省泰安市中部，有"五岳之首""天下第一山"之称，主峰玉皇顶海拔1545米。泰山地区由于受黄海和渤海的影响，雨量丰富，植物生长繁茂，这也为各种动物的生存提供了良好的条件。

A 泰山是中国最高的山峰
B 泰山动植物资源丰富
C 泰山气候没有受到海洋的影响
D 我们要保护泰山的环境

66. 中文的"休"字是由"人"与"木"组合而成的，表示人倚着树木或人坐在树下休息。因此，"休"有休息、休憩、休养等暂停劳动的意思。"闲"字的繁体字也可写作"閒"，即由"门"与"月"组合而成，表示家中一轮明月，或独处静思，或与家人相聚。所以，"闲"有安闲、闲适、闲逸等意思。

A "休"字中的"木"表示"木头"
B 汉字都由两个部分组成
C "休"和"闲"用组合部分的意义组成新的意义
D "闲"表示在家里休息

67. 零食，通常是指在一日三餐时间点之外的时间里所食用的食品。一般情况下，人的生活中除了一日三餐所食用的食物被称为正餐食物外，其余的一律被称为零食。零食，是跟食用的时间点有关，而跟种类无关，比如一般南方人把面食当作零食，但面食却是北方人的主食。

A 南方人喜欢吃零食　　　　　　　B 面食在北方是零食
C 零食跟食用的种类有关　　　　　D 零食跟食用的时间有关

68. 司马光从小就很聪明。有一次，他跟小伙伴们在后院里玩耍，有个小孩爬到大缸上玩儿，失足掉到盛有水的缸中。别的孩子一见出了事，都吓跑了。司马光却急中生智，从地上捡起一块大石头，使劲向水缸砸去，水涌出来，小孩也得救了。

A 司马光的聪明救了小孩子
B 别的孩子都太笨了
C 司马光太调皮了
D 司马光要赔偿坏掉的缸

69. 西汉时期，有一个特别有学问的人，叫匡衡。匡衡小的时候家境贫寒，为了读书，他打通了邻居家的墙，借着偷来的一缕烛光读书，他的行动感动了邻居，在大家的帮助下，小匡衡学有所成。汉元帝时，由将军史高推荐，匡衡被封为郎中，后来又升为博士。

A 匡衡从小就偷东西
B 匡衡小的时候家境很好
C 匡衡通过自己的努力获得成功
D 匡衡通过考试获得成功

70. 眼泪的生成，对于眼睛发挥正常的功能必不可少。某些人产生眼泪的机制不完善，眼睛常有灼热感。这时人们不得不拼命挤眼睛，以促进泪腺的液体循环。如果这种方法不能奏效，眼睛就会被迫闭合，以避免自然蒸发导致的水分流失。

A 挤眼睛的习惯不好
B 眼泪对眼睛起着重要的作用
C 闭眼睛可以产生眼泪
D 每个人都可以很容易地产生眼泪

第三部分

第71-90题：请选出正确答案。

71-74.

科学技术的进步和社会生活的变化是新词新语产生的源泉，新词新语又是反映新时代、新生活的一面镜子。例如，"生物入侵"是指外地、外国生物物种对本地生态系统、生态环境造成威胁或危害的现象。我们现在常说的"黄金周"一词来自日本，这与中国2000年以后对法定节假日的调整有关，更与中国人民生活观念的变化相关。

新词新语也是社会文化的"晴雨表"和"温度计"。例如"快餐"一词源于英语的"quick meal"或"fast food"，本义是烹饪好了的、能随时供应的饭食。汉语中使用的"快餐"一词，当初是使用本义，但后来这个词又有了引申义和比喻义，用以指那些肤浅的、没有多少价值的东西，例如说"快餐文化""快餐爱情"等。这就形象地反映了一种文化心态。对新词语做一些深入的研究，就会感受到时代和文化发展的脉动。

71. 新词新语产生的源泉是什么？
   A 社会生活的改变　　　　　　　B 人们思想的变化
   C 语言的不断发展　　　　　　　D 经济的不断进步

72. 下列哪一项与"黄金周"这一词语无关？
   A 中国节假日的调整　　　　　　B 中国人生活观念的变化
   C 生态环境的变化　　　　　　　D 日本

73. "晴雨表"和"温度计"表达了什么意思？
   A 新词新语来源于流行文化　　　B 流行文化影响新词新语
   C 新词新语检测流行文化　　　　D 新词新语反映了文化心态

74. 什么是"快餐文化"？
   A 可以快速了解的文化　　　　　B 吃快餐时学习的文化
   C 没有多大价值的文化　　　　　D 与快餐同步流行的文化

75－78.

　　有个渔人有着一流的捕鱼技术，被人们尊称为"渔王"。然而"渔王"年老的时候非常 苦恼，因为他三个儿子的捕鱼技术都很平庸。

　　于是他经常向人诉说心中的苦恼："我真不明白，我捕鱼的技术这么好，我的儿子们为什么这么差？我从他们懂事起就把捕鱼技术传授给他们，从最基本的东西教起，告诉他们怎样织网最容易捕捉到鱼，怎样划船最不会惊动鱼，怎样下网最容易请鱼入瓮。他们长大了，我又教他们怎样识潮汐，辨鱼汛……我长年辛辛苦苦总结出来的经验，我都毫无保留地传授给了他们，可他们的捕鱼技术竟然赶不上技术比我差的渔民的儿子！"

　　一位路人听了他的诉说后，问："你一直手把手地教他们吗？""是的，为了让他们得到一流的捕鱼技术，我教得很仔细很耐心。""他们一直跟随着你吗？""是的，为了让他们少走弯路，我一直让他们跟着我学。"路人说："这样说来，你的错误就很明显了。你只传授给了他们技术，却没能传授给他们教训。"

　　对于才能来说，没有教训与没有经验一样，都不能使人成大器。

75. "渔王"为什么苦恼？

　　A 年纪太大了　　　　　　　　B 捕鱼技术退步了
　　C 儿子不努力　　　　　　　　D 儿子的捕鱼技术太差

76. "渔王"从儿子多大时开始教他们捕鱼？

　　A 小时候　　　　B 长大后　　　　C 成年后　　　　D 青年时

77. "手把手地教"在文中是什么意思？

　　A 用手教　　　　　　　　　　　B 亲自教
　　C 一把一把地教　　　　　　　　D 用手演示

78. "渔王"没有教给儿子们的是什么？

　　A 织网　　　　　B 下网　　　　　C 教训　　　　　D 划船

79－82.

　　美国宾夕法尼亚大学心理学家在最新一期《进化与人类行为》杂志上发表论文指出，相亲其实很重要。

　　研究人员是通过一家专业红娘公司进行这项研究的。他们发现，红娘公司在安排相亲者见面前，通常已经详细比对了两人心目中"另一半"的理想状况和现实情况，认为他们般配后，才会做出安排相亲的决定。但无论书面资料有多"般配"，多数人在见面几秒钟之后就决定不再交往，并且女性做出决定的时间更短。

　　主持这一研究的宾夕法尼亚大学助理教授库尔班分析认为，相亲并不是"游戏人间"。

　　在"快速约会"中，人们不是依照书面资料来判断，而是受到直觉驱使。他们从看到对方第一眼到形成判断，全程不过3秒左右，还来不及用金钱、权力等"势利"因素做衡量。所以，千万不要放弃让直觉做出判断的机会。

79.　"相亲很重要"的结论发表在哪里？

　　　A 报刊　　　　　　B 专著　　　　　　C 网上　　　　　　D 杂志

80.　安排相亲者见面之前，红娘公司需要做什么？

　　　A 比对相亲者的情况及需求　　　　B 给相亲者打电话
　　　C 告诉相亲者对方情况　　　　　　D 安排好相亲的环境

81.　相亲者需要多长时间决定交往与否？

　　　A 几秒钟　　　　　B 几分钟　　　　　C 几小时　　　　　D 几天

82.　相亲时人们做出判断的依据是什么？

　　　A 金钱　　　　　　B 权力　　　　　　C 直觉　　　　　　D 相貌

83－86.

知道什么是"罗森塔尔效应"吗？这是由美国心理学家罗森塔尔设计完成的一个心理实验。

罗森塔尔来到了一所普通中学，在一个班里随便转了转，然后就在学生名单上圈了几个名字，告诉他们的老师说，这几个学生智商高，很有培养前途。过了一段时间，他又来到这所中学看，这时奇迹发生了，那几个被他圈出来的学生真的成了班上的优秀生。罗森塔尔这才告诉他们的老师，对这几个学生，他并不了解。

为什么会出现这种现象呢？因为老师对专家的话深信不疑，对这几个学生产生了积极的期望，这几个学生也相信自己有很好的天资，进而增强了自信心，提高了积极性。

从以上实验不难看出，自信对一个人的成长起着非常重要的作用。自信是良好心理素质的核心。有了自信，便会意志坚定，努力进取。

83.　"罗森塔尔效应"是怎么证明的？

A 实验　　　　　B 推测　　　　　C 想象　　　　　D 考试

84.　对于被圈出名字的学生，罗森塔尔：

A 认为他们智商高　　　　　　B 认为他们有前途
C 对他们很了解　　　　　　　D 对他们不了解

85.　这几个学生为什么真的成为了优秀生？

A 智商高　　　　　　　　　　B 老师进行辅导
C 专家进行辅导　　　　　　　D 被激发了学习积极性

86.　下列哪项最适合做上文的标题？

A 坚定意志　　　B 专家的选择　　　C 自信的力量　　　D 教师的力量

87－90.

悠久的华夏文化，几乎是跟茶连接在一起的。人们开始一天的生活，就离不开七件事，柴米油盐酱醋茶。茶被排在生活中第七的位置，可见它的影响。

中国是世界茶叶的故乡，中国最先形成了饮茶的风俗和习惯，这些风俗和习惯成为中华民族悠久文化的一个组成部分。这种茶文化不仅影响了整个中国，而且也传播到并且影响了海外诸国。那时扩散的主要途径一是通过外国传教士和旅行家直接带回本国；一是通过丝绸之路向亚欧大陆的俄国、波斯、印度、土耳其、阿拉伯等地传播；一是以通商口岸为支点，从海上向日本、荷兰、法国、丹麦、西班牙和德国等国传播。为此，甚至连茶的名称，也都是从中国直译过去的。俄语中的"茶"来源于中国北方的"茶叶"的发音，英语中的"茶"，是由厦门话的"茶"音转变而来的。日语的"茶"就是中国汉字。

自有文字记载以来，有关饮茶的起源可以追溯到周朝以前的夏商时代，有关茶的著作从先秦时代就已见端倪，但更为系统的、具有理论价值的还是应当首推唐代陆羽的专著《茶经》，这以后，宋代有《茶录》，明代有《茶疏》，清代有《茶笺》，这些都是更加具体、精深的论著，它们使得茶文化又发展到一个新的高度。

87. 最先形成饮茶习惯的国家是下列哪一个？
　　A 日本　　　　　B 中国　　　　　C 英国　　　　　D 俄国

88. 茶通过丝绸之路传入的国家是：
　　A 法国　　　　　B 德国　　　　　C 丹麦　　　　　D 土耳其

89. 俄语中"茶"的发音源于什么地方？
　　A 中国南方　　　B 中国北方　　　C 日本　　　　　D 英国

90. 第一部茶的专著叫什么？
　　A 《茶经》　　　B 《茶录》　　　C 《茶疏》　　　D 《茶笺》

三、书写

第一部分

第91—98题: 完成句子。

例如: 发表   这篇论文   什么时候   是   的

　　这篇论文是什么时候发表的?

91. 朋友   我的   发生   了   意外

92. 比赛   今天   精彩   的   相当

93. 汇率   调整了   又   银行今天

94. 为   发愁   还在   这件事   呢   他

95. 他   认真地   问题   正在   思考

96. 这件   得   商品   不错   设计

97. 游览了   已经   北京的   这个旅行团   名胜古迹

98. 一个   领域   这是   全新的

第二部分

第99－100题：写短文。

99. 请结合下列词语（要全部使用，顺序不分先后），写一篇80字左右的短文。

退步　　推辞　　痛苦　　宿舍　　目标

100. 请结合这张图片写一篇80字左右的短文。

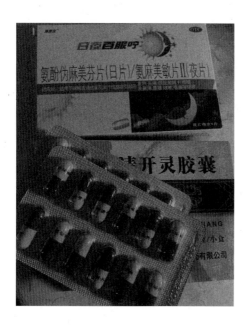

HSK
실전 모의고사
2회

新汉语水平考试
HSK（五级）
模拟试题（二）

注意

一、　HSK（五级）分三部分：

　　1. 听力（45题，约30分钟）

　　2. 阅读（45题，45分钟）

　　3. 书写（10题，40分钟）

二、　听力结束后，有5分钟填写答题卡。

三、　全部考试约125分钟（含考生填写个人信息时间5分钟）。

一、听 力

第一部分

第1－20题：请选出正确答案。

1. A 坐飞机
   B 坐火车
   C 坐汽车
   D 坐地铁

2. A 太累了
   B 不喜欢
   C 没时间
   D 没机会

3. A 考试考得不好
   B 比赛输了
   C 生病还没好
   D 跟男朋友分手了

4. A 去医院看病
   B 学习医学知识
   C 提高身体素质
   D 旅游锻炼身体

5. A 刚才的饭不好吃
   B 女的吃得很少
   C 男的吃得很多
   D 鱼做得很好吃

6. A 酒店里
   B 机场里
   C 飞机上
   D 餐馆里

7. A 路上堵车了
   B 去吃早饭了
   C 先去开会了
   D 起床起晚了

8. A 六点半
   B 六点四十
   C 七点
   D 七点十分

9. A 要准备发言
   B 没有胃口
   C 要写报告
   D 要回家休息

10. A 接送客户
    B 去见客户
    C 跟同事出去玩儿
    D 去外地完成项目

11. A 铅笔
    B 橡皮
    C 身份证
    D 准考证

12. A 离学校比较近
    B 离公司比较近
    C 享受好的教育资源
    D 享受好的生活资源

13. A 跟同事聚餐
    B 回去写作业
    C 回家去陪女儿
    D 送女儿学钢琴

14. A 天气太热
    B 这样比较帅
    C 喜欢扇子
    D 学习太极扇

15. A 爬山
    B 摔跤
    C 游泳
    D 跑步

16. A 女的收到了诈骗短信
    B 女的被骗钱了
    C 小李识破了诈骗
    D 小李骗了女的的钱

17. A 换新电脑
    B 安装杀毒软件
    C 删除电脑病毒
    D 删除不用的软件

18. A 路上太堵
    B 不会开车
    C 不能早起
    D 展览不准开车

19. A 博学的知识
    B 高尚的品格
    C 有效的教法
    D 优异的能力

20. A 北京
    B 天津
    C 上海
    D 广州

第二部分

第21－45题：请选出正确答案。

21. A 骑自行车
    B 坐飞机
    C 旅游
    D 修包

22. A 用了很长时间了
    B 最新的款式
    C 质量不太好
    D 卖家不给退

23. A 属兔
    B 属虎
    C 属羊
    D 属蛇

24. A 工作太累了
    B 姐姐过来了
    C 要照顾妈妈
    D 把腿给摔了

25. A 要核查身份证
    B 不需要证件
    C 要尽快签收
    D 要核查工作证

26. A 图书馆
    B 游泳馆
    C 校园里
    D 宿舍里

27. A 离单位近
    B 价格便宜
    C 交通方便
    D 房东漂亮

28. A 减轻学生压力
    B 帮助学生了解自己
    C 帮助学生找工作
    D 给学生提供经济帮助

29. A 男的经常出差
    B 女的很喜欢狗
    C 男的不会养花
    D 他们是邻居

30. A 学校
    B 专业
    C 能力
    D 性格

31. A 安全和环保的需求
    B 控制相关产业发展
    C 市民反对燃放
    D 政府才可以燃放

32. A 限制燃放数量
    B 特定的人群燃放
    C 特定的时间和地点燃放
    D 限制烟花爆竹的种类

33. A 10月上旬
    B 10月中旬
    C 10月下旬
    D 11月上旬

34. A 10月17日左右
    B 10月26日左右
    C 11月15日左右
    D 11月26日左右

35. A 老师
    B 学生
    C 家长
    D 校长

36. A 都很努力
    B 没把学习当回事儿
    C 已经最优秀了
    D 都有很大潜力

37. A 不断发展自己
    B 配合老师及学校
    C 随时关注学生
    D 指导学生学习

38. A 天都峰
    B 莲花峰
    C 吊桥
    D 温泉

39. A 景色不好
    B 爬的人少
    C 安全考虑
    D 保护环境

40. A 非常方便
    B 比较卫生
    C 价格便宜
    D 款式多样

41. A 污染环境
    B 破坏森林
    C 破坏生态
    D 浪费水源

42. A 拒绝使用
    B 减少使用
    C 大量使用
    D 控制生产

43. A 上午
    B 中午
    C 下午
    D 晚上

44. A 绿茶
    B 枸杞茶
    C 菊花茶
    D 金莲花茶

45. A 减轻压力
    B 振奋精神
    C 养肝明目
    D 补血补气

二、阅 读

第一部分

第46-60题：请选出正确答案。

46-48.

　　汉字是当今世界上仍在使用的最　46　的文字。从甲骨文算起，汉字已有3500多年的历史了。古埃及的圣体字、巴比伦的楔形文字、中美洲的古玛雅文字等相继成为历史的陈迹，唯汉字独存。中国人用数千年的聪明才智　47　出来的奇迹，在世界文字史上是　48　的。它承载了中国五千年的灿烂文明，至今仍然具有旺盛的生命力，汉字堪称中国的"第五大发明"。

46.	A 古代	B 古典	C 古老	D 年老
47.	A 创办	B 创造	C 演化	D 成为
48.	A 独一无二	B 万中无一	C 天下无双	D 无独有偶

49-52.

　　汉朝的开国功臣韩信，幼时家里很贫穷，常常衣食无着，他跟哥哥嫂嫂住在一起，靠吃剩饭剩菜过日子。小韩信白天帮哥哥干活，晚上刻苦读书，但刻薄的嫂嫂却非常讨厌他读书，认为读书耗费了灯油，又没有　49　。于是韩信只好流落街头，过着衣不蔽体，食不果腹的生活。有一位给别人当佣人的老婆婆很同情他，　50　他读书，还每天给他饭吃。面对老婆婆的一片好心，韩信很感激，他对老婆婆说："　51　。"老婆婆笑着说："等你长大了我都入土了。"后来韩信成了著名的将领，还被刘邦封为楚王。此时的他仍然惦记着那位　52　给过他帮助的老婆婆。于是他找到了那位老婆婆，将老婆婆接到自己的宫殿里，像对待自己的母亲一样对待她。

49.	A 用功	B 好处	C 爱好	D 用处
50.	A 愿意	B 反对	C 支持	D 接受
51.	A 我长大了一定要报答你		B 我不知道怎么报答你	
	C 我一定好好读书		D 我一定会当大官的	
52.	A 一直	B 曾经	C 幻想	D 勇敢

53-56.

中国五大国有商业银行——中国工商银行、中国农业银行、中国银行、中国建设银行、交通银行25日罕见联手，在北京举行签约仪式，共同推出多个举措，___53___账户管理。这五家国有商业银行___54___了中国最广泛的个人客户群体。

___55___，对客户通过手机银行办理的境内人民币转账汇款业务，将免收手续费，对客户5000元人民币以下的境内人民币网上银行转账汇款业务，也将免收手续费，以降低客户的费用支出。

此外，五大银行将推进银行间的开放合作。在系统改造后，五大银行将率先在相互之间开展客户银行账户信息验证，并愿意与其他有___56___的商业银行机构一起，就客户跨银行账户服务开展合作。

53. A 放松   B 加强   C 降低   D 放弃
54. A 覆盖   B 占据   C 遮盖   D 享有
55. A 人民群众觉得   B 五大银行认为
       C 人民群众要求   D 五大银行承诺
56. A 想法   B 要求   C 资金   D 意向

57-60.

有位客人到别人家里做客，看见主人家灶上的烟囱是直的，旁边又有很多木材，于是告诉主人说，烟囱要改弯，木材___57___移走，否则将来可能会引起火灾，主人听了没有做任何___58___。不久之后，主人家里果然失火了，四周的邻居赶紧跑来救火，最后火被扑灭了，于是主人烹羊宰牛，宴请四邻，酬谢大家，但却并没有请当初建议他将木材移走、烟囱改弯的那个人。

有人对主人说："如果___59___听了那位先生的话，今天就不用准备筵席，也没有火灾的损失了，现在论功行赏，原先给你建议的人没有被感谢，而救火的人却是座上客，真是很奇怪的事呢！"主人顿时省悟，便赶紧去邀请了当初提出建议的那个客人来吃酒。这个故事告诉我们，___60___，防患于未然之前，胜于治乱于已成之后。

57. A 须   B 被   C 将   D 使
58. A 表情   B 表达   C 表示   D 表面
59. A 曾经   B 本来   C 当前   D 当初
60. A 治疗重于预防   B 预防重于治疗
       C 预防虽然重要   D 治疗虽然重要

第二部分

第61-70题：请选出与试题内容一致的一项。

61. 很多的垃圾堆积在一起，不仅占用了很多土地，而且会产生一些有毒有害的物质，发出阵阵的臭味，污染空气、水源。同时，垃圾还滋生蚊、蝇、蟑螂、老鼠，传播疾病，对人们的健康造成危害。

    A 垃圾堆积可以节省土地
    B 垃圾堆积是疾病传染的主要原因
    C 垃圾堆积的危害很大
    D 蟑螂、老鼠等不传播疾病

62. 我上周一早上在邮局给家里寄了两个包裹。今天又到周一了，可是爸妈说包裹还没收到。因为当时包裹包装得不是很好，所以我有点儿发愁。要是里面的衣服丢了，爸妈就收不到我的新年礼物和祝福了。

    A 邮局寄包裹非常慢
    B "我"担心爸妈不喜欢礼物的包装
    C 爸妈的新年礼物是衣服
    D 爸妈没有收到我的祝福

63. 很多时候，我们之所以感到生活枯燥乏味，是因为我们的心态没有摆正。如果想让生活变得多姿多彩，就要有一个好的心态，敢于面对，不逃避。只有这样，生活才会精彩。相信我，拥有良好的心态，才能品出生活的味道和色彩。

    A 很多人觉得生活乏味
    B 生活精彩是人们的目标
    C 摆正心态所有人都能成功
    D 摆正心态生活才能精彩

64. 太阳能资源丰富，可免费使用又不需要运输，对环境也没有任何污染，因而为人类创造了一种新的生活方式，使人类进入了一个节约能源、减少污染的时代。现在在农村，几乎家家都装上了太阳能热水器，只要不是阴天，家中不用烧火，就能有热水用。

A 太阳能资源比较稀少　　　　　B 太阳能资源非常环保
C 农村利用太阳能较少　　　　　D 太阳能是最好的资源

65. 人不是机器，不可以一周7天，一天24小时快速高效地运转。蜡烛不能两头点，精力不可过分耗。人需要休息、放松和娱乐，也不时地需要时间来思考一些事情，整理思绪，愉悦身心。

A 人需要适度放松　　　　　　　B 人的精力是无限的
C 工作让人身心愉悦　　　　　　D 蜡烛不可过分消耗

66. 运动减肥是最科学、最绿色的减肥方法。肥胖者通过一定的有氧体育运动，可以消耗身体多余的脂肪，促进新陈代谢，达到减肥的目的，运动时也一定要注意避免内源氧缺乏。通常运动量越大，运动时间越长，消耗的糖和脂肪越多，最常见的运动减肥的方法有游泳、慢跑、健身操、跳舞等。

A 运动是唯一有效的减肥方法
B 运动可以快速减肥
C 运动时要避免体内氧气缺乏
D 运动量和脂肪消耗量成反比

67. 几乎每个家庭都会受到灰尘的困扰。它们藏在床下、墙边和桌脚处，永远无法彻底清理干净。这些灰尘"绒球"如同"兔八哥"一般的造型，可能使人们难以把它们与有害联系在一起。不过，美国两名科学家研究发现，灰尘构成复杂，其中一些物质毒性较大，若不及时清理，可能危害身体健康。

A 灰尘很容易清除
B 灰尘和"兔八哥"不像
C 人们已经意识到灰尘的危害
D 灰尘危害身体健康

68. 指纹电子技术不仅在公安领域得到了应用，在其他民用行业里，它也有着广泛的应用前景，比如可以用于银行、保险、海关等行业中的身份鉴定，血站对有传染病史的人员的身份识别等等。我们甚至还可以将指纹存储在信用卡等证件上，制作无法假冒的证件等。

A 指纹电子技术应用广泛
B 有传染病史的人员必须录入指纹
C 指纹逐渐取代证件的使用
D 指纹对个人意义重大

69. 一个关不紧的水龙头一个月可以流掉1至6立方米的水，一个漏水的马桶一个月可以流掉3至25立方米的水。家庭用水中的种种浪费，让人心痛！专家说，如果全国的城市家庭都把坐便器或淋浴器换成节水产品，每个月就可以节水4.9亿吨。面对频频告急的全国用水形势，每个家庭的节水行动对建设节约型社会来说，都是不可或缺的。

A 家里的水龙头都要关紧
B 家庭节水至关重要
C 每个家庭都要用节水产品
D 建立节约型社会迫在眉睫

70. 强台风是指中心附近最大风力达到14－15级的热带气旋。如果强台风继续加强，就会成为超强台风，而如果强台风的强度减弱，则会成为台风。强台风发生时常伴有大暴雨、大海啸，发生时，人力不可抗拒，易造成人员伤亡，因而是世界上最严重的自然灾害之一。但强台风同时会给广大地区带来充足的雨水，所以它又是与人类的生产和生活关系密切的降雨系统。

A 台风平均风力为14－15级
B 强台风大部分成为台风
C 人类可以减轻强台风的危害
D 强台风有利有弊

第三部分

第71－90题：请选出正确答案。

71－74.

　　"高富帅"这个网络词语，虽然"高"是在词语的最前面，但实际上"富"才是成为"高富帅"的第一条件，"帅"是第二条件，"高"则是第三条件。因为在女神眼中，没钱的人要去努力地生存，只有富有的高富帅才可以陪你玩各种浪漫。

　　一般认为，"高富帅"的说法是从日本动漫"高达"中演变而来的。中国年轻人高富帅在"高达系列"的影响下，创作了"高富帅系列动漫"，该动漫主人公以创作者高富帅的名字命名，身高1米85，长相帅气，父母是高干，家庭富裕，是某名校的毕业生，他身上的这些特点使他受到了广大读者的认可和喜爱，特别是女性读者。该主人公从此风靡中国大陆，开启了"高富帅"的神话，同时其主人公也获得了"大陆第一美男子"的称号。

　　"高富帅"一词最早是风靡于百度的李毅贴吧。这个词真正在贴吧里开始流行起来，可能要归功于当今足坛的顶尖球星——克里斯蒂亚诺·罗纳尔多。在2011年的一场皇家马德里对阵萨格勒布的欧冠联赛中，远在克罗地亚的萨格勒布主场的球迷竟然在比赛中高唱起"梅西、梅西"，试图以这种方式来影响C罗。而这也显然刺激到了C罗，当赛后采访有媒体提到这件事的时候，C罗突然一反常态地说出了"我相信对我喊梅西的人都是嫉妒我，我帅，我有钱，我是个伟大的球员"这段惹人非议的话。之后相当长一段时间里，这件事都在网上被大家广泛议论，也被各种调侃，各种改编。"高富帅"一词正是在此之后才开始频繁出现的。

71. "高富帅"的第一条件是什么？
　　　A 高　　　　　　B 帅　　　　　　C 才　　　　　　D 富

72. 文章中"大陆第一美男子"是指谁？
　　　A 李毅　　　　　B 高富帅　　　　C 梅西　　　　　D C罗

73. "高富帅"的名字来源于什么？
　　　A 欧冠联赛　　　B 日本电影　　　C 日本动漫　　　D 网络动画

74. "高富帅"一词的频繁出现与下面哪个人物有关？
　　　A 动漫"高达"　　B 罗纳尔多　　　C 梅西　　　　　D 李毅

75 – 78.

　　电影《失恋33天》里，有一句经典台词是这样的：“我们那个年代的人，<u>对待婚姻就像冰箱，坏了就反复地修，总想着把冰箱修好</u>。不像你们现在的年轻人，坏了就总想换掉。”

　　这句话，形象地道出了离婚的时代之变——离婚似乎变得越来越简单了。

　　根据中国民政部发布的《2013年社会服务发展统计公报》，2013年中国依法办理离婚手续的夫妻共有350万对，比2012年增长了12.8%。这个增幅远远大于结婚登记的增幅，后者只比上年增长了1.8%。

　　而另一个数字是，1990年，中国依法办理离婚手续的夫妻，只有80万对。

　　80后——1980年至1989年出生的人，正在成为离婚潮的主力。最近一次人口普查显示，这个群体约有2.2亿人。这一群人常常被妖魔化，如“人人都是离婚狂”“80后不是离婚了，就是正走在离婚的路上”。

　　事实上，大可不必如此<u>危言耸听</u>。80后成为离婚主体的原因很简单：这个群体本来就已经成为当代社会的中坚力量，也正经历婚姻阶段的初始考验。60后、70后已经过了离婚高潮期，更希望家庭趋于稳定保守，而90后还没有进入结婚潮。

75.　第一段中，画线的句子是什么意思？
　　　A 婚姻出现问题，就离婚　　　　　B 婚姻有问题，想办法解决
　　　C 婚姻像冰箱一样容易坏　　　　　D 冰箱坏了可以修好

76.　《2013年社会服务发展统计公报》的数据说明了什么问题？
　　　A 结婚的不比离婚的少　　　　　　B 离婚的增长率比结婚的高
　　　C 结婚的增长率比离婚的高　　　　D 离婚的不比结婚的多

77.　最后一段中，画线的成语“危言耸听”是什么意思？
　　　A 80后都不急着结婚　　　　　　　B 80后都不急着离婚
　　　C 80后离婚没有那么恐怖　　　　　D 80后都很害怕结婚

78.　下列哪一项不是80后成为离婚主体的原因？
　　　A 80后正在经历婚姻阶段的初始考验
　　　B 90后不是结婚的主流
　　　C 60后、70后思想保守不愿离婚
　　　D 80后正经历观念的变化

79－82.

银杏有非常古老悠久的历史。早在2.7亿年前，它就已经出现在我们这个星球上了。经过大约1亿年的漫长岁月，银杏发展到了它的鼎盛时期。大片大片的银杏树林，几乎遍布于世界的每一个角落，银杏与同时代的恐龙一样，非常普遍。因此，人们又称它为"植物界的恐龙"。但在以后的岁月中，银杏也像许多盛极一时的帝国一样，由盛而衰，渐渐失去了它的主宰地位。到了第三纪，地球上的气候发生剧变，山脉不断隆起，银杏在与新植物群的竞争中，被迫退出了生物界的历史舞台。只有在部分地区，由于受到了得天独厚的地理环境的保护，才有少量的银杏侥幸存活下来，它们成了植物界中的稀世之物，科学家心目中的"植物活化石"。

相对于其他植物而言，银杏的生长速度十分缓慢。一般情况下，栽种下它的幼苗后，银杏要经过15－20年才能结果，有的甚至需要30－40年时间。正如俗话说的那样，公公种树，孙子吃果，因此人们又给它起了个形象的外号——"公孙树"。

如此缓慢的生长速度，如此晚的结果时间，一定要有很长的寿命才能适应。一点儿没错，银杏的确是典型的长寿树种。目前发现的最长寿的银杏古树生长在山东省浮来山北坡的定林寺中，据说它已经有3000多岁了，直到今天还果实累累。

79. 银杏的鼎盛时期大概是什么时候？
    A 2.7亿年前   B 1.7亿年前   C 3.7亿年前   D 1亿年前

80. 为什么银杏被称为"植物界的恐龙"？
    A 跟同时代的恐龙一样普遍   B 跟同时代的恐龙一样古老
    C 跟同时代的恐龙一样强壮   D 跟同时代的恐龙一样灭亡了

81. 下列哪项不是银杏树大量减少的原因？
    A 气候剧变   B 山脉隆起
    C 新植物群的竞争   D 生长速度缓慢

82. "公孙树"的外号说明了什么？
    A 银杏的寿命长   B 银杏结的果实多
    C 银杏的结果时间晚   D 银杏生长速度很快

83－86.

　　100多年前的某天下午，在英国一个乡村的田野里，一位贫困的农民正在劳作。忽然，他听到远处传来了呼救的声音，原来，一名少年不幸落水了。农民来不及多想，就奋不顾身地跳入水中救人了。孩子得救了。

　　后来，大家才知道，这个获救的孩子是一个贵族公子。几天后，老贵族亲自带着礼物登门道谢，农民却拒绝了这份厚礼。在他看来，当时救人只是出于自己的本能，并不能因为对方出身高贵就贪恋别人的财物。

　　老贵族敬佩农民的善良与高尚，感念他的恩德，于是，决定资助农民的儿子到伦敦去接受高等教育。农民接受了这份馈赠，让自己的孩子受到良好的教育是他多年来的梦想。农民很高兴，因为他的儿子终于有了走进外面世界、改变自己命运的机会；老贵族也很高兴，因为他终于帮助自己的恩人完成了梦想。

　　多年后，农民的儿子从伦敦圣玛丽医学院毕业了，他品学兼优，后来被英国王室授勋封爵，还获得了1945年的诺贝尔医学奖。他就是亚历山大·弗莱明，青霉素的发明者。

　　那名贵族公子也长大了，他在第二次世界大战期间患上了严重的肺炎，但幸运的是，依靠青霉素，他很快就痊愈了。这名贵族公子就是英国首相温斯顿·丘吉尔。

　　农民与贵族，都在别人需要帮助的时候伸出了援手，也为他们自己的后代甚至国家播下了善种。

83.　农民为什么要救孩子？
　　A 贪图财富　　　　　　　　　B 贪恋身份地位
　　C 出于自己的本能　　　　　　D 想让自己的儿子获得资助

84.　谁发明了青霉素？
　　A 农民　　　　　B 农民的儿子　　　C 老贵族　　　　D 获救的男孩

85.　因为青霉素而获救的人是谁？
　　A 老贵族　　　　　　　　　　B 农民
　　C 温斯顿·丘吉尔　　　　　　D 亚历山大·弗莱明

86.　下列哪项最能说明文章的主题？
　　A 黑白颠倒　　　　　　　　　B 恶性循环
　　C 农民与贵族　　　　　　　　D 帮助他人就是帮助自己

87－90.

陆羽出生于湖北天门，生活在唐朝，他撰写的《茶经》对茶树的产地、形态、生长环境以及采茶、制茶、饮茶的工具和方法等进行了全面的总结，是世界上第一部茶叶专著。《茶经》成书后对中国茶文化的发展影响极大，因此陆羽被后世尊称为"茶神""茶圣""茶博士"。

相传陆羽出生不久就被遗弃，是一群大雁庇护了他，后来，陆羽被一位名叫智积的和尚收养。智积喜欢喝茶，陆羽经常为他煮茶。经过长期的煮茶、品茶实践，陆羽终于掌握了复杂的煮茶技巧，煮出了好茶。

湖北天门是茶圣故里，至今还有不少与陆羽有关的遗迹。现天门市保存有一座"古雁桥"，传说是当年大雁庇护陆羽的地方。镇北门有一座"三眼井"，史说曾是陆羽煮茶取水之处。井台旁边有一块后人立的石碑"唐处士陆鸿渐小像碑"，碑上刻着坐着品茶的陆羽，颇有韵味。"陆羽亭"则建于清朝，后毁于兵火，中华人民共和国成立后，又重建为双层木质结构的亭子，呈六角形，精巧典雅，置身其间品著饮茶令人流连、陶醉。位于竟陵西湖之滨的陆羽纪念馆是在陆羽故居的原址上重建的，是一座以陆羽生平业绩为主题内容的具有古典园林特色的纪念博物馆。游览该馆，可以从多个角度了解陆羽其人。

87. 关于《茶经》，下列说法哪项不正确？
    A 中国第一部茶叶专著　　　　　　B 对中国茶文化影响很大
    C 介绍了茶树的产地等　　　　　　D 介绍了应该如何种植茶树

88. 陆羽是怎么煮出好茶的？
    A 使用好的水源　　　　　　　　　B 靠长期的煮茶实践
    C 得到智积的传授　　　　　　　　D 自己亲自种茶

89. 下列哪项是大雁保护陆羽的地点？
    A 古雁桥　　　　B 三眼井　　　　C 陆羽亭　　　　D 陆羽纪念馆

90. 陆羽亭建于什么时候？
    A 唐朝　　　　　　　　　　　　　B 宋朝
    C 清朝　　　　　　　　　　　　　D 中华人民共和国成立后

三、书写

第一部分

第91－98题：完成句子。

例如：发表　　这篇论文　　什么时候　　是　　的

这篇论文是什么时候发表的？

91.　准时　　明天请　　在　　集合　　咨询室

92.　读书　　应该　　的时候　　注意　　姿势

93.　说出了　　他　　我的　　秘密　　忍不住

94.　这间新房子里　　的　　设备　　齐全　　比较

95.　同学　　离开　　可以　　都　　其余的　　了

96.　你　　能不能　　一下　　帮我　　打听

97.　这几天的　　有　　气温　　趋势　　下降

98.　希望　　你能　　要求　　我的　　答应

第二部分

第99－100题：写短文。

99. 请结合下列词语（要全部使用，顺序不分先后），写一篇80字左右的短文。

缓解　　压力　　演讲　　寻找　　训练

100. 请结合这张图片写一篇80字左右的短文。

HSK
실전 모의고사

3회

新汉语水平考试
HSK（五级）
模拟试题（三）

注意

一、　HSK（五级）分三部分：

　　1. 听力（45题，约30分钟）

　　2. 阅读（45题，45分钟）

　　3. 书写（10题，40分钟）

二、　听力结束后，有5分钟填写答题卡。

三、　全部考试约125分钟（含考生填写个人信息时间5分钟）。

一、听　力

第一部分

第1−20题：请选出正确答案。

1. A 加班
   B 看电影
   C 看电视
   D 学习

2. A 服务周到
   B 环境浪漫
   C 饭菜难吃
   D 音乐好听

3. A 得到领导重用
   B 没有工作经验
   C 在大公司工作
   D 年纪较大

4. A 天气预报不准
   B 男的常常忘了关窗户
   C 上次雨水进屋里了
   D 今天天气晴朗

5. A 晚上九点半
   B 晚上九点四十
   C 晚上九点五十
   D 晚上十点

6. A 不喜欢篮球
   B 没有时间
   C 身体不好
   D 骨折没痊愈

7. A 没有运动
   B 喜欢吃甜食
   C 没有控制饮食
   D 喜欢吃油炸食品

8. A 想去看体操比赛
   B 对体操没兴趣
   C 没人喜欢看
   D 没人跟女的一起去

9. A 男的对爱情不感兴趣
   B 女的对足球不感兴趣
   C 女的也想看球赛
   D 男的觉得电视剧好看

10. A 语言优美
    B 浪漫细腻
    C 内容真实
    D 观点新颖

11. A 交通拥堵
    B 参加球赛
    C 工作太忙
    D 忘记时间

12. A 夫妻关系
    B 师生关系
    C 朋友关系
    D 同事关系

13. A 银行卡丢了
    B 现金丢了
    C 钱包丢了
    D 车票丢了

14. A 杭州
    B 北京
    C 济南
    D 不确定

15. A 他们周末一起吃饭
    B 女的很喜欢男的
    C 女的没有时间
    D 男的正在追求女的

16. A 非常好看
    B 电影太长
    C 有点儿无聊
    D 太吵闹了

17. A 还没拿到驾照
    B 开车不熟练
    C 不会开车
    D 太累不想开车

18. A 开会
    B 旅行
    C 出席活动
    D 参加比赛

19. A 效果不理想
    B 重复了很多次
    C 女的很满意
    D 没达到女的的要求

20. A 出车祸了
    B 有健忘症
    C 受到了领导的批评
    D 不能同时参加两个会议

第二部分

第21-45题: 请选出正确答案。

21. A 牌子好的
    B 有赠品的
    C 制冷效果好的
    D 没有噪音的

22. A 不想军训
    B 不想学习
    C 天气太热
    D 天气太干

23. A 交通方便的
    B 价格便宜的
    C 公司附近的
    D 空间稍大的

24. A 小李有一对双胞胎女儿
    B 双胞胎长得不太一样
    C 女的不想要双胞胎
    D 女的还没有男朋友

25. A 不赞成李丽的看法
    B 上次没能控制情绪
    C 不想跟女的交流
    D 这次没能控制情绪

26. A 比较正常
    B 比较反常
    C 不太冷
    D 下雨较多

27. A 比赛发挥不好
    B 心情不好
    C 比赛发挥正常
    D 思虑过重

28. A 同事关系
    B 朋友关系
    C 师生关系
    D 领导和下属关系

29. A 不要长时间在电脑前
    B 四十岁以后开始锻炼身体
    C 现在开始锻炼身体
    D 跟妈妈去跳广场舞

30. A 300块
    B 1800块
    C 3600块
    D 4800块

31. A 日出前
    B 日出后
    C 日落前
    D 日落后

32. A 冬季不宜健身
    B 很多人在健身房锻炼身体
    C 室外健身越早越好
    D 冬季过早锻炼对身体有害

33. A 小孩儿
B 青少年
C 中年男性
D 中老年女性

34. A 年轻人也开始参与
B 可以健身
C 和现代生活相关
D 可以娱乐

35. A 由政府组织
B 不是运动项目
C 和文化密切相关
D 自古就有

36. A 一个地方
B 集市名称
C 游戏名称
D 一个节日

37. A 用线套泥人
B 用圈套泥人
C 用线套东西
D 用圈套东西

38. A 危害环境
B 对人体有害
C 造成浪费
D 给消费者造成不便

39. A 绝对不用塑料袋
B 不随意丢弃塑料袋
C 用后埋在土中
D 用后溶在水中

40. A 禁止商场使用
B 禁止消费者使用
C 集中焚烧
D 寻找替代品

41. A 缺乏食物
B 环境受到污染
C 受到人类危害
D 被其他动物捕食

42. A 竹茎
B 竹笋
C 竹花
D 竹叶

43. A 每个宿舍必须出
B 她们宿舍去年没出
C 她们能歌善舞
D 老师的决定

44. A 民族舞
B 现代舞
C 街舞
D 芭蕾舞

45. A 相声
B 合唱
C 武术
D 小品

二、阅 读

第一部分

第46-60题：请选出正确答案。

46-48.

　　秋冬季皮肤皮脂分泌减少，很容易出现皮肤瘙痒、龟裂等＿＿46＿＿。空调温度太高会吸走室内空气中的水分，人体皮肤含水量也会随之减少。沐浴的时候水温＿＿47＿＿在40摄氏度就可以了，过热的水温会带走肌肤上天然的油脂，令肌肤变得干燥。浴后人们大多习惯用毛巾使劲擦拭身体，这样不仅损伤皮肤，还会带走身上的水分。由于干燥的环境更＿＿48＿＿于电荷的转移和积累，所以秋冬季节，人们会觉得身上的静电较大。

46. A 样子　　　　　B 现象　　　　　C 景象　　　　　D 状态
47. A 保持　　　　　B 坚持　　　　　C 保留　　　　　D 需要
48. A 增加　　　　　B 帮助　　　　　C 不利　　　　　D 有利

49-52.

　　三国时期，魏国有一个人叫董遇。他自幼生活＿＿49＿＿，整天为了生活而奔波。但是他只要一有空闲时间，＿＿50＿＿，所以知识很渊博，人们很＿＿51＿＿他，他的名声也越来越大。附近的人纷纷前来求教，问他是如何学习的。董遇告诉他们："冬天是一年之余，晚上是一天之余，雨天是平日之余。学习要＿＿52＿＿三余，也就是这三种空余时间。人们听了，恍然大悟：原来就是要抓紧一切可以利用的时间来读书学习，提高自己的水平。

49. A 贫苦　　　　　B 富有　　　　　C 乐观　　　　　D 认真
50. A 就去休息　　　　　　　　　　B 因为坐下来读书学习
　　 C 就坐下来读书学习　　　　　　D 因为去休息
51. A 相信　　　　　B 佩服　　　　　C 喜欢　　　　　D 嫉妒
52. A 利用　　　　　B 使用　　　　　C 享用　　　　　D 运用

53－56.

　　人说苏州菜甜，其实与无锡的相比，苏州菜不过是淡。无锡炒鳝糊放很多糖，包子的肉馅里也放很多糖，对北方人来讲，　53　没法吃。广东、浙江、云南等地居民也大多爱吃甜食。南方多雨，光热条件好，盛产甘蔗，比起北方来，蔬菜更是一年几茬。南方人被糖类"包围"，　54　。北方人不是不爱吃甜，只是过去在北方糖比较　55　，北方居民只好以"咸"代"甜"来调剂口味了。虽说北方现在不缺糖，但口味　56　形成，就不是一朝一夕可以改变的了。相信随着社会的发展与时间的延续，这种咸甜相对的口味差异在程度上会慢慢缩小的。

53.　A 所以　　　　　B 由于　　　　　C 本来　　　　　D 根本
54.　A 反而不喜欢吃甜了　　　　　　B 但不是都爱吃甜
　　　C 也就养成了吃甜的习惯　　　　D 所以不得不吃甜
55.　A 普通　　　　　B 在乎　　　　　C 难得　　　　　D 讨厌
56.　A 一再　　　　　B 一旦　　　　　C 一律　　　　　D 一般

57－60.

　　小羊请小狗吃饭，它准备了一桌鲜嫩的青草，结果小狗勉强吃了两口就再也吃不下去了。过了几天，小狗请小羊吃饭，小狗想：我不能像小羊那样小气，我一定要用最丰盛的宴席来　57　它。于是小狗准备了一桌上好的排骨，　58　。
　　这个故事告诉我们，自我中心永远是人际关系中最大的障碍，可以说每个人都是生活在自己主导的世界中的，给对方自己　59　他想要的而非他真正想要的东西，是很省事的做法。但是省事却并不意味着　60　，省事的结果往往是好心办坏事，办差事。

57.　A 招待　　　　　B 嘲笑　　　　　C 告诉　　　　　D 应付
58.　A 结果小羊非常感动　　　　　　B 结果小羊真的很喜欢吃
　　　C 结果小羊一口也吃不下去　　　D 结果小羊非常伤心
59.　A 喜欢　　　　　B 认为　　　　　C 显示　　　　　D 信任
60.　A 有利　　　　　B 称赞　　　　　C 完美　　　　　D 有效

第二部分

第61－70题：请选出与试题内容一致的一项。

61. 情绪是会互相感染的，与快乐的人在一起，我们容易快乐，与悲观的人在一起，我们更容易悲观。一个不好的环境，会让我们处于不好的心理状态中。适时离开抱怨者，可以让大脑不被抱怨攻击，从而避免受到伤害。

    A 生活中不可以抱怨
    B 抱怨没有什么作用
    C 不能和喜欢抱怨的人交朋友
    D 充满抱怨的环境会影响我们的心情

62. 在世界各大海洋和河流中，一共生活着三十多种海豚。所有的海豚都是温血的哺乳动物，它们食肉，呼吸氧气。最小的茂宜海豚身长不足1.2米，相当于6岁孩子的身长，而最大的杀人鲸的身长则可达9米，是茂宜海豚的8倍。

    A 海豚种类正在减少
    B 有的海豚是冷血动物
    C 海豚的种类繁多
    D 人类应该保护海豚的生存环境

63. 宫保鸡丁，是一道闻名中外的汉族传统名菜。鲁菜、川菜、贵州菜都将其收录，但原料、做法却略有差别。该菜式的起源与鲁菜中的酱爆鸡丁和贵州菜中的胡辣子鸡丁有关，后来被清朝山东巡抚、四川总督丁宝桢改良发扬，形成了一道新菜式——宫保鸡丁，一直流传至今。

    A 宫保鸡丁只有一种做法
    B 宫保鸡丁经过了一定的改良
    C 宫保鸡丁是现代新菜式
    D 所有人都喜欢宫保鸡丁

64. 入冬之后气候多变，昼夜温差较大，很容易造成人体免疫系统紊乱，此时病毒常常乘虚而入，从而引发感冒，特别是工作生活环境通风不好时，感冒更容易迅速传播。老人、小孩免疫力相对较弱，是冬季易感冒人群。

A 冬季应多穿衣服以防感冒　　　B 老人、小孩不应在室外活动
C 冬季气候多变容易引发感冒　　D 冬季人体免疫系统较弱

65. 节约用水不是一朝一夕的事情，而是生活中的长久问题，因此更需要我们养成节约用水的好习惯，从生活中的点点滴滴做起，这样才能真正实现我们开展节约用水活动的目的。

A 节约用水应从生活小细节入手
B 节约用水是每个人的义务
C 节约用水是立竿见影的问题
D 节约用水是政府的责任

66. 被后人称为"书圣"的王羲之，小的时候是一个呆头呆脑的孩子，他每天都带着自己心爱的小鹅游游逛逛。王羲之每天刻苦练字，写出来的字却被老师卫夫人称作死字，王羲之很是苦恼。终于，在小鹅的启发下，王羲之写成了金光灿灿的"之"字，但他却误将馒头蘸墨汁吃到了嘴里，于是留下了王羲之吃墨的故事。

A 王羲之小的时候非常聪明
B 王羲之的老师不喜欢他
C 王羲之用吃墨的方法练字
D 王羲之刻苦练字终成"书圣"

67. 森林、沙漠、海洋、草原等都可能是动物们的栖息地。动物们在各自的栖息地里寻找食物、躲避天敌、繁衍后代，它们依赖栖息地生存。一旦环境发生改变，栖息地受到影响，动物们的生存便会面临危机。

A 动物栖息地已经受到人类影响
B 栖息地对动物的生存至关重要
C 环境对栖息地影响很大
D 现在动物生存面临很大危机

68. 有些娱乐活动，一个人在家里就可轻松实施，不需要其他参与者。但是研究发现，大多数娱乐者希望在活动中放松精神，从而得到精神上的休息。这就需要一种环境和气氛，尤其是一起分享快乐的朋友。有时，对快乐的分享比快乐本身更重要。

A 分享重于一切
B 朋友非常重要
C 一个人的娱乐活动更轻松
D 有朋友参与的活动更易放松精神

69. 众所周知，在追求异性的过程中，除了"花言巧语"外，聪明的男女还会有意识地使用大量的肢体语言。科学家研究发现，其实，如果你见到自己喜欢的异性，你的身体会下意识地做出反应，这类肢体语言不受意识支配。

A 人的肢体语言不受意识支配
B 追求异性时肢体语言更有用
C 使用肢体语言的人很聪明
D 下意识的反应不受意识支配

70. 中国南北方的饮食习惯不同，南方人爱米饭，北方人喜面食。中国南方温暖湿润，耕地以水田为主，所以当地的农民多种植喜高温多雨的水稻。而中国北方降水较少，气温较低，耕地多为旱地，适合喜干耐寒的小麦生长。所谓"种啥吃啥"，长此以往，便形成了南米北面的饮食习惯。

A 饮食习惯与当地气候、耕地有关
B 南方的农民喜欢种植水稻
C 饮食习惯跟喜好有关
D 饮食习惯影响了人们的生活

第三部分

第71—90题：请选出正确答案。

71—74.

中国人的休闲活动正在由少变多。以前，中国人的休闲活动很少。在农村，因为经济条件不好，农民家里很少有电视机，又因为文化水平不高，认识的字不多，读书、看报纸的人也很少，他们大多数是通过广播来了解国内外最新发生的大事的。而且农民经过一天的劳动，觉得很累，又没有其他合适的休息方式，只好早点睡觉。在城市，虽然有的家庭有电视机，有的家庭有收音机，认识字的人也比农村多，但是这些休闲活动都是在家里进行的，到外面去的活动还是比较少。

现在，随着中国经济的发展，人们的生活水平逐渐提高，中国人的休闲活动也变得越来越丰富。无论是在城市，还是在农村，人们的业余生活都越来越有意思了。尤其是在城市，跑步、游泳、爬山、钓鱼这些简单的活动非常受欢迎，骑马、滑冰、打高尔夫球也开始流行。还有许多收入高、工作压力大的年轻人很喜欢到酒吧、咖啡厅去度过他们的业余时间。他们喜欢边听音乐边喝酒，在与朋友聊天的时候放松自己。

71. 以前农民通过什么方式获得最新消息？
    A 看电视　　　　B 读书　　　　　C 看报纸　　　　D 听广播

72. 以前中国人的休闲活动有什么特点？
    A 休闲活动多样　　　　　　　B 室外休闲活动较少
    C 老年人的休闲活动较多　　　D 休闲活动与季节有关

73. 中国人的休闲活动为什么变多了？
    A 经济的发展　　　　　　　B 观念的变化
    C 国外的影响　　　　　　　D 生活方式的变化

74. 高收入的年轻人喜欢什么样的休闲活动？
    A 在工作中休息　　　　　　B 在酒吧、咖啡厅里放松
    C 在家中听音乐　　　　　　D 在家中跟朋友聊天

75－78.

　　与不吃早餐一样，熬夜也是现代人最常见的不良生活习惯之一。人体正常的规律是：白天，气血主要集中在肌肉、在皮毛、在大脑的浅层处，用来满足人的运动、思考等需求；到了晚上，休息了，气血回归内脏深处，用来滋养并修复人体自身的脏腑。有人可能会说，什么时候睡不是睡呢？我不喜欢夜里睡觉，我早晨睡，上午睡，不是一样的吗？答案是：不一样。

　　在中医的理论里，23点到凌晨1点，是足少阳胆经经气旺盛的时候；1点到3点，是足厥阴肝经经气旺盛的时候。夜半，正常的规律是，这几条经络的经气依次旺盛，用来滋养、修复人体肝胆。在这个时候睡觉，人体可以有足够的气血来供应肝胆；若这个时候还在做事情，那么，人体必然要分出一部分气血来供应给大脑、肌肉、皮毛等，这就无法提供足够的气血来保证足少阳胆经、足厥阴肝经经气的充足，也就不能够使肝胆得到足够的滋养和修复。肝脏是人体最大的解毒器官，每日担负着繁重的工作，倘若每天不能得到及时的滋养修复，长此以往，很有可能会导致疾病。所以，如果不在23点之前睡觉，就要承受肝胆受损的风险了。

75.　晚上气血主要集中在哪儿？
　　　A 脏腑　　　　　　B 肌肉　　　　　　C 皮毛　　　　　　D 大脑浅层

76.　23点到凌晨3点一定要睡觉，主要是为了什么？
　　　A 滋养、修复大脑　　　　　　　　B 滋养、修复肌肉
　　　C 滋养、修复经络　　　　　　　　D 滋养、修复肝胆

77.　人体最大的解毒器官是什么？
　　　A 心脏　　　　　　B 脾脏　　　　　　C 肝脏　　　　　　D 肾脏

78.　根据上文，下列说法哪项正确？
　　　A 入睡时间不重要　　　　　　　　B 年轻人可以熬夜
　　　C 过度熬夜会损害肝脏　　　　　　D 现代人几乎不熬夜

79－82.

一个农民从洪水中救起了他的妻子，他的孩子却被淹死了。事后，人们议论纷纷。有的说他做得对，因为孩子可以再生一个，妻子却不能死而复活。有的说他做错了，因为妻子可以另娶一个，孩子却不能死而复活。我听了人们的议论，也感到疑惑难决：如果只能救活一人，究竟应该救妻子呢，还是救孩子？于是我去拜访  那个农民，问他当时是怎么想的。他答道："我什么也没想。洪水袭来，妻子在我身边，我抓住她就往附近的山坡游。当我返回时，孩子已经被洪水冲走了。"归途上，我琢磨着农民的话，对自己说："如果当时这个农民稍有迟疑，可能一个都救不了，所谓人生的抉择不少便是如此。"

很多事情根本没有错与对，也容不得你去细想错与对，你所要做的就是抓住一闪而过的机会。如果过于犹豫或过于在乎别人的想法，你可能什么事也做不成。

79. 农民的孩子死于什么？
    A 醉酒　　　　　 B 疾病　　　　　 C 溺水　　　　　 D 车祸

80. 面对自己的疑惑，"我"是怎么处理的？
    A 亲自询问农民　　　　　 B 询问知道这件事的人
    C 自己思索、琢磨　　　　　 D 拜访当地的智者

81. 农民为什么选择救自己的妻子？
    A 他更爱妻子　　　　　 B 妻子不会游泳
    C 孩子可以再生　　　　　 D 妻子离得更近

82. 上文主要想告诉我们什么？
    A 事情没有对与错　　　　　 B 果断抓住机会
    C 思考没有什么用　　　　　 D 不需要在乎别人的想法

83-86.

　　每天在一个办公室里工作，就好比待在一个范围很小的圈子里，近距离的接触使得彼此之间的关系不得不亲密起来。而新人刚来的时候，往往不容易跨进这个圈子，因而会产生一种徘徊在外的孤独感。

　　我的朋友珊珊在大学毕业后，已经换了三次工作，虽然每次在一个地方待的时间并不是很长，她却能和同事成为很好的朋友，而且在离开的时候让人感到依依不舍。我很羡慕她，就向她请教有什么秘诀。

　　珊珊给我讲了一个故事：有一位外国主妇，看见对门新搬来一家人，做晚饭的时候就过去向他们借鸡蛋来烤蛋糕。蛋糕烤出来了，她又送过去一块请人家品尝。一来二去，她跟那家的主妇就熟了起来。而其实呢，她的冰箱里还有好多鸡蛋，她不过是用借鸡蛋的办法制造与那家人接触的机会，为日后维持良好的邻里关系打下基础。珊珊说，办公室里的同事关系也需要用一点儿心思来"经营"。初到一个新的工作环境，只有靠自己找机会增加与周围同事的接触，尽早与大家熟悉起来，才能很快地适应新工作。但是这样做有一个前提，就是必须真心诚意地与同事交往，如果仅仅为了功利的目的，那不仅无济于事，反而会招人讨厌。

83.　　新人刚刚工作时为什么会有孤独感？
　　　A 不熟悉环境　　　　　　　　　B 不认识新同事
　　　C 工作圈子太小　　　　　　　　D 不容易融入工作圈子

84.　　关于珊珊，我们可以知道什么？
　　　A 跟同事关系不好　　　　　　　B 很喜欢换工作
　　　C 了解怎么和同事相处　　　　　D 喜欢向别人传授秘诀

85.　　根据上文，那位外国主妇为什么要借鸡蛋？
　　　A 制造接触机会　　　　　　　　B 没有鸡蛋了
　　　C 制造相爱机会　　　　　　　　D 喜欢借别人东西

86.　　下列哪项最适合做上文的标题？
　　　A 亲密工作，排除孤独　　　　　B 真诚交往，熟悉工作
　　　C 掌握秘诀，与人交流　　　　　D 巧用心思，经营关系

87-90.

中国历史上确实有炎、黄二帝。历史学家何光岳经过30年的潜心研究，认为炎帝、黄帝均为太昊伏羲氏的后代。太昊伏羲氏在距今约6000年前生于渭水中游的天水境内（今甘肃省东部），其部落后来向东迁徙，在古陈仓（今陕西省宝鸡市）建立了政权。

以炎帝神农氏和黄帝轩辕氏称谓载入历史典籍的各有八代，而最早的炎帝神农氏和黄帝轩辕氏是亲兄弟，均生于今陕西省宝鸡市境内。炎帝生于今宝鸡市南郊的姜水，黄帝生于今宝鸡境内岐山县一带的姬水（又称岐水），二人约生于距今5500－5600年前。炎帝神农氏部落的第一代、第二代均在渭水中游的宝鸡境内活动，从第二代起开始称帝，其后裔迁徙四方，八代相传了共约520年。湖北随州为炎帝神农氏第三代（烈山氏）部落的迁徙地；湖南酃县古有炎帝陵，当为第八代炎帝神农氏榆罔的陵墓；今陕西黄陵县桥山上的黄帝陵，是第二代轩辕黄帝的陵墓；河南新郑是第八代轩辕黄帝生长、建都的地方，河北涿鹿则是他的归宿地。

87. 炎、黄二帝都是谁的后代？
    A 炎帝神农氏   B 太昊伏羲氏
    C 黄帝轩辕氏   D 文中未提及

88. 最早的炎帝神农氏约生于什么时候？
    A 距今6000年前   B 距今520年前
    C 距今5500－5600年前   D 距今30年前

89. 最早的黄帝生于什么地方？
    A 陕西境内的姬水   B 甘肃境内的天水
    C 宝鸡市南郊的姜水   D 甘肃省岐山县一带的岐水

90. 第二代轩辕黄帝的陵墓在什么地方？
    A 河北涿鹿   B 湖北随州   C 陕西黄陵   D 河南新郑

三、书写

第一部分

第91-98题：完成句子。

例如：发表　　这篇论文　　什么时候　　是　　的

　　　　<u>这篇论文是什么时候发表的?</u>

91. 爱惜　　请　　劳动　　别人的　　成果

92. 别　　去办理　　忘了　　你的　　签证

93. 正在　　动画片　　里　　播放　　电视

94. 他　　导演　　一名　　是　　出色的

95. 每个　　都有　　自己的　　地方　　风俗习惯

96. 不断　　我们的　　在　　变化　　观念

97. 我可以　　跟你　　交换　　手机　　吗

98. 努力　　目标　　我要　　实现　　靠自己的

第二部分

第99-100题: 写短文。

99. 请结合下列词语（要全部使用，顺序不分先后），写一篇80字左右的短文。

  特色   方案   双方   随时   思考

100. 请结合这张图片写一篇80字左右的短文。

汉语水平考试　HSK（五级）答题卡

一、听力

1. [A] [B] [C] [D]
2. [A] [B] [C] [D]
3. [A] [B] [C] [D]
4. [A] [B] [C] [D]
5. [A] [B] [C] [D]

6. [A] [B] [C] [D]
7. [A] [B] [C] [D]
8. [A] [B] [C] [D]
9. [A] [B] [C] [D]
10. [A] [B] [C] [D]

11. [A] [B] [C] [D]
12. [A] [B] [C] [D]
13. [A] [B] [C] [D]
14. [A] [B] [C] [D]
15. [A] [B] [C] [D]

16. [A] [B] [C] [D]
17. [A] [B] [C] [D]
18. [A] [B] [C] [D]
19. [A] [B] [C] [D]
20. [A] [B] [C] [D]

21. [A] [B] [C] [D]
22. [A] [B] [C] [D]
23. [A] [B] [C] [D]
24. [A] [B] [C] [D]
25. [A] [B] [C] [D]

26. [A] [B] [C] [D]
27. [A] [B] [C] [D]
28. [A] [B] [C] [D]
29. [A] [B] [C] [D]
30. [A] [B] [C] [D]

31. [A] [B] [C] [D]
32. [A] [B] [C] [D]
33. [A] [B] [C] [D]
34. [A] [B] [C] [D]
35. [A] [B] [C] [D]

36. [A] [B] [C] [D]
37. [A] [B] [C] [D]
38. [A] [B] [C] [D]
39. [A] [B] [C] [D]
40. [A] [B] [C] [D]

41. [A] [B] [C] [D]
42. [A] [B] [C] [D]
43. [A] [B] [C] [D]
44. [A] [B] [C] [D]
45. [A] [B] [C] [D]

二、阅读

46. [A] [B] [C] [D]
47. [A] [B] [C] [D]
48. [A] [B] [C] [D]
49. [A] [B] [C] [D]
50. [A] [B] [C] [D]

51. [A] [B] [C] [D]
52. [A] [B] [C] [D]
53. [A] [B] [C] [D]
54. [A] [B] [C] [D]
55. [A] [B] [C] [D]

56. [A] [B] [C] [D]
57. [A] [B] [C] [D]
58. [A] [B] [C] [D]
59. [A] [B] [C] [D]
60. [A] [B] [C] [D]

61. [A] [B] [C] [D]
62. [A] [B] [C] [D]
63. [A] [B] [C] [D]
64. [A] [B] [C] [D]
65. [A] [B] [C] [D]

66. [A] [B] [C] [D]
67. [A] [B] [C] [D]
68. [A] [B] [C] [D]
69. [A] [B] [C] [D]
70. [A] [B] [C] [D]

71. [A] [B] [C] [D]
72. [A] [B] [C] [D]
73. [A] [B] [C] [D]
74. [A] [B] [C] [D]
75. [A] [B] [C] [D]

76. [A] [B] [C] [D]
77. [A] [B] [C] [D]
78. [A] [B] [C] [D]
79. [A] [B] [C] [D]
80. [A] [B] [C] [D]

81. [A] [B] [C] [D]
82. [A] [B] [C] [D]
83. [A] [B] [C] [D]
84. [A] [B] [C] [D]
85. [A] [B] [C] [D]

86. [A] [B] [C] [D]
87. [A] [B] [C] [D]
88. [A] [B] [C] [D]
89. [A] [B] [C] [D]
90. [A] [B] [C] [D]

三、书写

91.

92.

93.

94.

汉语水平考试　HSK（五级）答题卡

95. _____

96. _____

97. _____

98. _____

99.

48

80

100.

48

80

汉语水平考试 HSK （五级）答题卡

注意　请用2B铅笔这样写：■

一、听力

1. [A] [B] [C] [D]
2. [A] [B] [C] [D]
3. [A] [B] [C] [D]
4. [A] [B] [C] [D]
5. [A] [B] [C] [D]

6. [A] [B] [C] [D]
7. [A] [B] [C] [D]
8. [A] [B] [C] [D]
9. [A] [B] [C] [D]
10. [A] [B] [C] [D]

11. [A] [B] [C] [D]
12. [A] [B] [C] [D]
13. [A] [B] [C] [D]
14. [A] [B] [C] [D]
15. [A] [B] [C] [D]

16. [A] [B] [C] [D]
17. [A] [B] [C] [D]
18. [A] [B] [C] [D]
19. [A] [B] [C] [D]
20. [A] [B] [C] [D]

21. [A] [B] [C] [D]
22. [A] [B] [C] [D]
23. [A] [B] [C] [D]
24. [A] [B] [C] [D]
25. [A] [B] [C] [D]

26. [A] [B] [C] [D]
27. [A] [B] [C] [D]
28. [A] [B] [C] [D]
29. [A] [B] [C] [D]
30. [A] [B] [C] [D]

31. [A] [B] [C] [D]
32. [A] [B] [C] [D]
33. [A] [B] [C] [D]
34. [A] [B] [C] [D]
35. [A] [B] [C] [D]

36. [A] [B] [C] [D]
37. [A] [B] [C] [D]
38. [A] [B] [C] [D]
39. [A] [B] [C] [D]
40. [A] [B] [C] [D]

41. [A] [B] [C] [D]
42. [A] [B] [C] [D]
43. [A] [B] [C] [D]
44. [A] [B] [C] [D]
45. [A] [B] [C] [D]

二、阅读

46. [A] [B] [C] [D]
47. [A] [B] [C] [D]
48. [A] [B] [C] [D]
49. [A] [B] [C] [D]
50. [A] [B] [C] [D]

51. [A] [B] [C] [D]
52. [A] [B] [C] [D]
53. [A] [B] [C] [D]
54. [A] [B] [C] [D]
55. [A] [B] [C] [D]

56. [A] [B] [C] [D]
57. [A] [B] [C] [D]
58. [A] [B] [C] [D]
59. [A] [B] [C] [D]
60. [A] [B] [C] [D]

61. [A] [B] [C] [D]
62. [A] [B] [C] [D]
63. [A] [B] [C] [D]
64. [A] [B] [C] [D]
65. [A] [B] [C] [D]

66. [A] [B] [C] [D]
67. [A] [B] [C] [D]
68. [A] [B] [C] [D]
69. [A] [B] [C] [D]
70. [A] [B] [C] [D]

71. [A] [B] [C] [D]
72. [A] [B] [C] [D]
73. [A] [B] [C] [D]
74. [A] [B] [C] [D]
75. [A] [B] [C] [D]

76. [A] [B] [C] [D]
77. [A] [B] [C] [D]
78. [A] [B] [C] [D]
79. [A] [B] [C] [D]
80. [A] [B] [C] [D]

81. [A] [B] [C] [D]
82. [A] [B] [C] [D]
83. [A] [B] [C] [D]
84. [A] [B] [C] [D]
85. [A] [B] [C] [D]

86. [A] [B] [C] [D]
87. [A] [B] [C] [D]
88. [A] [B] [C] [D]
89. [A] [B] [C] [D]
90. [A] [B] [C] [D]

三、书写

91.

92.

93.

94.

汉语水平考试 HSK（五级）答题卡

95.

96.

97.

98.

99.

48

80

100.

48

80

汉语水平考试 HSK（五级）答题卡

■ 汉语水平考试 HSK（五级）答题卡 ■

―― 请填写考生信息 ――

按照考试证件上的姓名填写：

姓名	

如果有中文姓名，请填写：

姓名	

考生序号	[0] [1] [2] [3] [4] [5] [6] [7] [8] [9]
	[0] [1] [2] [3] [4] [5] [6] [7] [8] [9]
	[0] [1] [2] [3] [4] [5] [6] [7] [8] [9]
	[0] [1] [2] [3] [4] [5] [6] [7] [8] [9]
	[0] [1] [2] [3] [4] [5] [6] [7] [8] [9]

―― 请填写考点信息 ――

考点代码	[0] [1] [2] [3] [4] [5] [6] [7] [8] [9]
	[0] [1] [2] [3] [4] [5] [6] [7] [8] [9]
	[0] [1] [2] [3] [4] [5] [6] [7] [8] [9]
	[0] [1] [2] [3] [4] [5] [6] [7] [8] [9]
	[0] [1] [2] [3] [4] [5] [6] [7] [8] [9]
	[0] [1] [2] [3] [4] [5] [6] [7] [8] [9]
	[0] [1] [2] [3] [4] [5] [6] [7] [8] [9]

国籍	[0] [1] [2] [3] [4] [5] [6] [7] [8] [9]
	[0] [1] [2] [3] [4] [5] [6] [7] [8] [9]
	[0] [1] [2] [3] [4] [5] [6] [7] [8] [9]

年龄	[0] [1] [2] [3] [4] [5] [6] [7] [8] [9]
	[0] [1] [2] [3] [4] [5] [6] [7] [8] [9]

性别	男 [1]　　　女 [2]

注意　请用2B铅笔这样写：■■■

一、听力

1. [A] [B] [C] [D]
2. [A] [B] [C] [D]
3. [A] [B] [C] [D]
4. [A] [B] [C] [D]
5. [A] [B] [C] [D]

6. [A] [B] [C] [D]
7. [A] [B] [C] [D]
8. [A] [B] [C] [D]
9. [A] [B] [C] [D]
10. [A] [B] [C] [D]

11. [A] [B] [C] [D]
12. [A] [B] [C] [D]
13. [A] [B] [C] [D]
14. [A] [B] [C] [D]
15. [A] [B] [C] [D]

16. [A] [B] [C] [D]
17. [A] [B] [C] [D]
18. [A] [B] [C] [D]
19. [A] [B] [C] [D]
20. [A] [B] [C] [D]

21. [A] [B] [C] [D]
22. [A] [B] [C] [D]
23. [A] [B] [C] [D]
24. [A] [B] [C] [D]
25. [A] [B] [C] [D]

26. [A] [B] [C] [D]
27. [A] [B] [C] [D]
28. [A] [B] [C] [D]
29. [A] [B] [C] [D]
30. [A] [B] [C] [D]

31. [A] [B] [C] [D]
32. [A] [B] [C] [D]
33. [A] [B] [C] [D]
34. [A] [B] [C] [D]
35. [A] [B] [C] [D]

36. [A] [B] [C] [D]
37. [A] [B] [C] [D]
38. [A] [B] [C] [D]
39. [A] [B] [C] [D]
40. [A] [B] [C] [D]

41. [A] [B] [C] [D]
42. [A] [B] [C] [D]
43. [A] [B] [C] [D]
44. [A] [B] [C] [D]
45. [A] [B] [C] [D]

二、阅读

46. [A] [B] [C] [D]
47. [A] [B] [C] [D]
48. [A] [B] [C] [D]
49. [A] [B] [C] [D]
50. [A] [B] [C] [D]

51. [A] [B] [C] [D]
52. [A] [B] [C] [D]
53. [A] [B] [C] [D]
54. [A] [B] [C] [D]
55. [A] [B] [C] [D]

56. [A] [B] [C] [D]
57. [A] [B] [C] [D]
58. [A] [B] [C] [D]
59. [A] [B] [C] [D]
60. [A] [B] [C] [D]

61. [A] [B] [C] [D]
62. [A] [B] [C] [D]
63. [A] [B] [C] [D]
64. [A] [B] [C] [D]
65. [A] [B] [C] [D]

66. [A] [B] [C] [D]
67. [A] [B] [C] [D]
68. [A] [B] [C] [D]
69. [A] [B] [C] [D]
70. [A] [B] [C] [D]

71. [A] [B] [C] [D]
72. [A] [B] [C] [D]
73. [A] [B] [C] [D]
74. [A] [B] [C] [D]
75. [A] [B] [C] [D]

76. [A] [B] [C] [D]
77. [A] [B] [C] [D]
78. [A] [B] [C] [D]
79. [A] [B] [C] [D]
80. [A] [B] [C] [D]

81. [A] [B] [C] [D]
82. [A] [B] [C] [D]
83. [A] [B] [C] [D]
84. [A] [B] [C] [D]
85. [A] [B] [C] [D]

86. [A] [B] [C] [D]
87. [A] [B] [C] [D]
88. [A] [B] [C] [D]
89. [A] [B] [C] [D]
90. [A] [B] [C] [D]

三、书写

91. _____

92. _____

93. _____

94. _____

汉语水平考试　HSK（五级）答题卡

95.

96.

97.

98.

99.

48

80

100.

48

80

孔子学院总部/国家汉办
Confucius Institute Headquarters(Hanban)

汉语水平考试
Chinese Proficiency Test

HSK（五级）成绩报告
HSK (Level 5) Examination Score Report

姓名：
Name

性别：　　　　　　国籍：
Gender　　　　　　Nationality

考试时间：　　　　　　　年　　　　月　　　　日
Examination Date　　　Year　　Month　　Day

编号：
No.

准考证号：
Admission Ticket Number

	满分 Full Score	你的分数 Your Score
听力 Listening	100	
阅读 Reading	100	
书写 Writing	100	
总分 Total Score	300	

听力 Listening	阅读 Reading	书写 Writing	总分 Total Score	百分等级 Percentile Rank
100	99	90	284	99%
95	89	80	258	90%
89	82	75	241	80%
84	76	71	227	70%
80	71	67	214	60%
76	64	64	202	50%
71	59	60	190	40%
66	53	56	177	30%
60	47	51	163	20%
51	40	43	142	10%

主任　　　　　　　　　　国家汉办
Director　　　　　　　　Hanban
HANBAN

中国·北京　　　　　　　　　　成绩自考试日起2年内有效
Beijing·China

memo

memo

memo

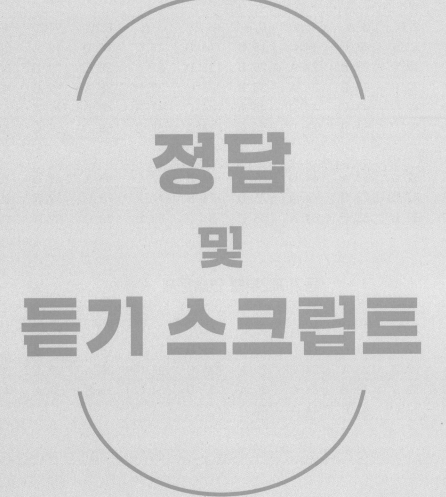

정답
및
듣기 스크립트

정답

듣기 제1·2부분 연습문제 P.34

• 짧은 대화

1. D	2. C	3. A	4. D	5. B	6. C	7. A	8. A	9. C	10. B
11. D	12. A	13. C	14. C	15. B	16. D	17. C	18. D	19. A	20. B
21. C	22. C	23. B	24. A	25. B	26. D	27. C	28. C	29. B	30. A
31. C	32. C	33. D	34. A	35. B	36. C	37. D	38. A	39. D	40. A
41. B	42. C	43. C	44. D	45. A	46. C	47. A	48. B	49. A	50. B
51. D	52. C	53. B	54. D	55. C	56. A	57. B	58. D	59. C	60. D

• 긴 대화

61. C	62. A	63. A	64. D	65. B	66. B	67. C	68. A	69. D	70. C
71. C	72. D	73. B	74. A	75. D	76. B	77. A	78. C	79. D	80. A
81. C	82. B	83. D	84. A	85. C	86. D	87. B	88. C	89. A	90. B

듣기 제2부분 연습문제 P.49

• 서술형 지문

1. C	2. D	3. C	4. D	5. A	6. D	7. D	8. C	9. A	10. C
11. B	12. D	13. C	14. D	15. D	16. D	17. B	18. A	19. B	20. B
21. A	22. D	23. A	24. C	25. A	26. C	27. C	28. A	29. A	30. B
31. D	32. A	33. B	34. C	35. A	36. D	37. C	38. B	39. A	40. C
41. D	42. C	43. B	44. A	45. C					

독해 제1부분 연습문제 P.59

1. C	2. B	3. A	4. D	5. A	6. C	7. A	8. A	9. B	10. D
11. D	12. A	13. C	14. B	15. A	16. B	17. A	18. A	19. B	20. A
21. D	22. A	23. D	24. C	25. B	26. A	27. D	28. B	29. C	30. A
31. A	32. C	33. D	34. B	35. A	36. D	37. D	38. C	39. B	40. A
41. B	42. B	43. C	44. D	45. A					

독해 제2부분 연습문제 P.70

1. B	2. C	3. D	4. C	5. C	6. C	7. A	8. D	9. D	10. D
11. B	12. B	13. C	14. B	15. C	16. B	17. A	18. C	19. B	20. C
21. A	22. D	23. B	24. B	25. C	26. D	27. C	28. A	29. D	30. D

독해 제3부분 연습문제 P.88

1. C	2. A	3. D	4. C	5. B	6. D	7. A	8. B	9. A	10. B
11. C	12. B	13. B	14. A	15. D	16. C	17. B	18. C	19. C	20. A
21. A	22. C	23. D	24. D	25. B	26. B	27. A	28. D	29. C	30. D
31. C	32. D	33. C	34. C	35. C	36. D	37. B	38. C	39. B	40. A
41. B	42. A	43. D	44. C	45. D	46. C	47. A	48. D	49. D	50. B
51. B	52. C	53. D	54. C	55. A	56. D	57. C	58. A	59. C	60. B

 쓰기

쓰기 제1부분 연습문제 P.107

1. 他对明天的手术没有把握。	13. 现在正在进行一场激烈的足球比赛。
2. 这次地震造成了巨大的经济损失。	14. 我会仔细考虑你的建议。
3. 无人驾驶汽车的安全性如何?	15. 她假装没有生气。
4. 现代人的生活每天都很匆忙。	16. 我们要靠自己的努力实现目标。
5. 请不要耽误别人的时间。	17. 遇到问题要勇敢地面对。
6. 她的性格的确有点儿内向。	18. 租房子需要交一个月押金。
7. 人人都要遵守社会的规则。	19. 他是一个非常严肃的老师。
8. 这个汉字由三个部分构成。	20. 许多人面临着失业的风险。
9. 我们有很多交流的机会。	21. 中国的消费水平越来越高。
10. 她对我的影响简直太大了。	22. 我们的制度正在不断完善。
11. 你提的要求不够合理。	23. 第六届艺术节将于北京举行。
12. 她这个学期取得了很好的成绩。	24. 本场演出以武术为主。

쓰기 제2부분① 연습문제 P.112

1. 我的汉语尤其是汉语口语还存在一些不足，因此很多同学都热心地帮助我提高汉语水平。一位中国同学经常陪我练习口语，因此我进步很快。以前觉得汉语很难，现在觉得汉语变得容易了。我相信我的汉语会越来越好的。

2. 随着冬季的到来，图书馆对开放时间进行了调整。以前通常是晚上十一点关门，而现在是十点。所以我和伙伴们就有了一些娱乐时间，我们利用这些时间唱歌、跳舞、看电影。我认为，心情放松了才会学得更好。

3. 越是突出的环节，细节越是重要。相同的投入，假如细节做得非常出色，就会给人一种很美好的印象。多一份付出，就多一份回报，面对高速发展的时代，我们更应该重视细节，因为细节决定着成败。

쓰기 제2부분② 연습문제 P.117

1. 我弟弟是一名游泳运动员。他经常参加各种各样的比赛。在上周的一场比赛中，他通过努力最终进入了决赛，并获得了冠军。我们全家人都去现场给他加油了。看到他拿奖的样子，我们都激动得流泪了。

2. 现在很多人更愿意网上购物。现代人忙于工作，所以根本没有时间去逛街，但网购不受时间的限制，可以买到想要的东西。网购不仅价格比实体店更便宜，也有很多优惠活动。网购已经成为了人们生活中不可缺少的购物方式。

3. 友谊，对每个人来说很重要。我们谁都离不开友谊，就像鱼离不开水一样。如果没有它，我们就生存不下去了。但是我们往往失去后才懂得珍惜。所以我们要好好珍惜身边的每个朋友，不要等到失去后才后悔。

听力

第一部分

1. D	2. A	3. B	4. D	5. B	6. C	7. A	8. C	9. D	10. B
11. A	12. C	13. B	14. C	15. D	16. D	17. B	18. A	19. D	20. B

第二部分

21. A	22. D	23. B	24. C	25. D	26. C	27. A	28. C	29. B	30. C
31. B	32. D	33. C	34. B	35. D	36. C	37. A	38. A	39. C	40. B
41. B	42. C	43. C	44. B	45. D					

阅读

第一部分

46. A	47. D	48. C	49. D	50. C	51. D	52. A	53. C	54. B	55. A
56. B	57. A	58. C	59. A	60. D					

第二部分

61. D	62. C	63. C	64. B	65. B	66. C	67. D	68. A	69. C	70. B

第三部分

71. A	72. C	73. D	74. C	75. D	76. A	77. B	78. C	79. D	80. A
81. A	82. C	83. A	84. D	85. D	86. C	87. B	88. D	89. B	90. A

书写

第一部分

91. 我的朋友发生了意外。	95. 他正在认真地思考问题。
92. 今天的比赛相当精彩。	96. 这件商品设计得不错。
93. 银行今天又调整了汇率。	97. 这个旅行团已经游览了北京的名胜古迹。
94. 他还在为这件事发愁呢。	98. 这是一个全新的领域。

第二部分

99. 我今年的目标是通过HSK考试。但是因为我在咖啡厅打工，没时间学习，导致汉语退步了很多。这让我感到十分痛苦，在宿舍里哭了一整天。可咖啡厅老板一直让我回去上班，我反复思考后决定推辞。我一定要认真学习，实现目标。

100. 昨天下班的时候突然下了一场大大雨，我被淋湿了。今天早上我头疼、发高烧，于是我向领导请了一天假，去了医院。医生说只不过是小感冒，只要按时吃药，就会好的。听了他的话后，我才放心。

听力

第一部分

1. A	2. B	3. B	4. C	5. D	6. C	7. D	8. B	9. C	10. B
11. D	12. C	13. D	14. D	15. A	16. C	17. D	18. A	19. B	20. C

第二部分

21. D	22. C	23. B	24. C	25. A	26. A	27. C	28. C	29. D	30. B
31. A	32. C	33. C	34. C	35. C	36. D	37. B	38. A	39. C	40. A
41. D	42. B	43. A	44. B	45. C					

阅读

第一部分

46. C	47. B	48. A	49. D	50. C	51. A	52. B	53. B	54. A	55. D
56. D	57. A	58. C	59. D	60. B					

第二部分

61. C	62. C	63. D	64. B	65. A	66. C	67. D	68. A	69. B	70. D

第三部分

71. D	72. B	73. C	74. B	75. B	76. B	77. C	78. D	79. B	80. A
81. D	82. C	83. C	84. B	85. C	86. D	87. D	88. B	89. A	90. C

书写

第一部分

91. 明天请准时在咨询室集合。	95. 其余的同学都可以离开了。
92. 读书的时候应该注意姿势。	96. 你能不能帮我打听一下?
93. 他忍不住说出了我的秘密。	97. 这几天的气温有下降趋势。
94. 这间新房子里的设备比较齐全。	98. 希望你能答应我的要求。

第二部分

99. 下个月我要参加学校举办的演讲比赛,最近每天都在跟着老师训练。由于我没有什么经验,训练的时候总是达不到老师的要求,因此我感到压力很大。为了更好地准备比赛,我决定寻找一个缓解压力的方法,放松一下。

100. 今天早上,一个孩子在过马路时被车撞了,原因是一个司机酒后驾驶,闯了红灯。从小我的父母就再三强调,一定要遵守交通规则,喝了酒绝对不能开车。因为在任何情况下,酒后驾驶都是对生命不负责的表现。

听力

第一部分

1. B	2. C	3. A	4. C	5. D	6. D	7. C	8. A	9. B	10. C
11. D	12. A	13. C	14. D	15. D	16. C	17. B	18. A	19. C	20. D

第二部分

21. C	22. A	23. D	24. D	25. B	26. B	27. D	28. A	29. C	30. B
31. B	32. D	33. D	34. A	35. C	36. B	37. D	38. A	39. B	40. D
41. A	42. C	43. B	44. A	45. D					

阅读

第一部分

46. B	47. A	48. D	49. A	50. C	51. B	52. A	53. D	54. C	55. C
56. B	57. A	58. C	59. B	60. D					

第二部分

61. D	62. C	63. B	64. C	65. A	66. D	67. B	68. D	69. D	70. A

第三部分

71. D	72. B	73. A	74. B	75. A	76. D	77. C	78. C	79. C	80. A
81. D	82. B	83. D	84. C	85. A	86. D	87. B	88. C	89. A	90. C

书写

第一部分

91. 请爱惜别人的劳动成果。	95. 每个地方都有自己的风俗习惯。
92. 别忘了去办理你的签证。	96. 我们的观念在不断变化。
93. 电视里正在播放动画片。	97. 我可以跟你交换手机吗?
94. 他是一名出色的导演。	98. 我要靠自己的努力实现目标。

第二部分

99. 我是一个上班族，最近领导让我做一个有特色的新方案。这让我压力很大，经常要熬夜思考怎么做。同事小李知道后，让我随时找他商量。于是，我们双方互相讨论并研究，最后制定出了一套完美的方案。我十分感谢小李。

100. 因为缺乏锻炼，我变得越来越胖了，也不愿意见人了。于是我下定决心减肥，我去了健身房，还请了一个教练教我运动。我已经坚持运动三个月了，效果非常明显。减肥不仅让我瘦了，而且也让我变得更加自信。

▶ 제1·2부분 연습문제

短对话1—60题。

1. 女：两点你来得了吗？
   男：没问题，老地方见。
   问：女的是什么意思？

2. 女：你快去公安局补办证件，也许还能赶上。
   男：怎么可能呢？补办护照可不是三五天能办得下来的。
   问：男的发生了什么？

3. 女：计算机出错的可能性并不大，主观性错误的可能性也很小。
   男：那我怀疑是刘老师登记分数时出错了。
   问：他们最有可能正在讨论什么？

4. 女：这是我在你们这儿买的毛衣，洗了一次就缩水了，能不能换一件？
   男：我看一下。对不起，您这是在我们打折的时候买的，我们店规定打折商品不退不换。
   问：毛衣为什么不可以换？

5. 女：我在网上买的书又便宜又好，真不错！网上买东西比商店便宜多了，而且似乎什么东西都可以买到。
   男：不用出门，还省事儿呢！
   问：下列哪项不是他们喜欢在网上买东西的原因？

6. 女：你在大学里的学习成绩怎么样？
   男：我的成绩非常稳定，一直名列前茅，年年都获得奖学金，毕业时在全年级排前十名。
   问：男的的学习成绩怎么样？

7. 男：小姐，您的衣服洗好了。
   女：谢谢，我看一下。你看，这里还有油迹，没洗干净。
   问：他们最有可能在哪儿？

8. 女：我们四个商量一起去敦煌旅游，想不想和我们结伴而行？
   男：这主意不错嘛！青年旅行社在国庆节期间推出了敦煌三日游，学生可以打八五折，不如我们参加旅行团吧！
   问：他们可能在敦煌玩儿几天？

9. 女：时间不早了，我该告辞了，不然回去没有公交车了。
   男：好吧，那我们就不留您了。
   问：现在是什么时候？

10. 女：您老高寿啊？有60吗？
    男：我呀，再过一个月就65了。
    问：男的多大年纪了？

11. 女：你想租多大的房子？是自己住还是办公用？

    男：自己住，不用太大，一居室就够了。

    问：男的为什么想租房子？

12. 女：哎，这就太见外了。接待朋友要善始善终，你就别客气了，留下来吃饭吧。

    男：那就恭敬不如从命了。

    问：男的是什么意思？

13. 男：小姐，你们这里有什么特色菜？给我们推荐一个吧。

    女：我们这里的铁板牛肉不错。

    问：他们在哪儿？

14. 男：听李秘书说，魏经理辞职了，你知道吗？

    女：不知道。怪不得几天都没见着他，我还以为他出差了呢。

    问：魏经理怎么了？

15. 女：昨天晚上看决赛了吗？谁赢了？

    男：昨晚我在公司加班，没看成。早上看手机说是北京队赢了。

    问：男的是怎么知道比赛结果的？

16. 男：人家会看上我吗？要个子没个子，要钱没钱，要长相没长相，往人堆里一站，找都找不到。

    女：不要那么自卑嘛，我觉得你还是挺好的。

    问：他们在讨论什么？

17. 女：一年中你有五六个月在外地跑，真是太辛苦了。

    男：没什么，关键是可以接触、采访各种各样的人，挺有意思的。

    问：男的对自己的工作是什么态度？

18. 男：已经一个多小时了，我们还要等多久？

    女：因为有大雾，所以目前所有航班都不能起飞。耽误了您宝贵的时间，非常抱歉！

    问：女的为什么要表示抱歉？

19. 男：老师，我昨天的表现怎么样？

    女：不得不说，你演讲比唱歌精彩多了，非常有感染力，拿到好名次是理所当然的。

    问：男的昨天做什么了？

20. 男：女儿，咱们的电脑为什么运行得这么慢啊？是东西太多了还是系统太老了？

    女：都不是，我昨天就发现了，是中病毒了。

    问：他们的电脑怎么了？

21. 男：您好，我想买窗帘，挂在书房里的，您有什么好的推荐吗？

    女：我们这儿这款卖得很好，颜色很漂亮，样子也很好看，最适合书房了。

    问：他们在哪儿？

22. 男：小姐，您好！我是这儿的经理，您有什么事情可以跟我说。

    女：是这样的，我在网上订了您这儿的房间而且预付了房费，但是我钱包在车上被人偷了，证件
    也在钱包里，没了证件，我还能入住吗？

    问：女的为什么担心不能入住？

23. 女：这个小王，怎么搞的？又惹了这么大的麻烦！

    男：他刚开始工作，没什么经验，出点儿问题也是难免的。

    问：根据对话，可以知道什么？

24. 男：今年的天气太反常了，都已经十二月了，还20多度。

女：没错，今年的冬天来得特别晚。

问：今年的天气怎么样？

25. 男：听说你工作已经定下来了？

女：是的，外贸公司和外交部都很好，给的条件也都不错，但是我还是选择了在学校当老师。

问：女的选择在哪儿工作？

26. 女：你怎么没参加今天的乒乓球比赛？

男：我最近太忙了，有好几个考试，还有好多作业要做，没时间准备，下次再说吧。

问：下列哪项不是男的没参加乒乓球比赛的原因？

27. 男：我妈生日快到了，我想给她买条围巾。

女：围巾她有好几条了，不如给她选件中式的棉袄，昨天她说邻居李阿姨穿了一件，可漂亮了，干脆咱们今天下午也去给她老人家挑一件吧。

问：他们下午可能去哪儿？

28. 男：这是什么味儿？老婆，是不是菜糊了？

女：哎呀，我的可乐鸡翅！刚才一直在跟我妈煲电话粥，忘了锅里还烧着菜！

问：根据对话，可以知道什么？

29. 男：我跟小小的东西都收拾好了，就等你了。

女：别催，急什么啊？离出发还早呢！出门在外，该带的东西可都得带齐，你看，这防蚊水就差点儿忘带了，我可不想有什么突发状况破坏咱们旅游的好心情。

问：他们打算去做什么？

30. 女：小明，小明，饮水机没水啦，快来帮个忙！

男：来了来了！这一干体力活儿，你们女同胞就想起我来了，平时把我一个人扔在角落里不闻不问的，我呀，就是咱办公室的活雷锋！

问：男的和女的是什么关系？

31. 男：妈，您这大包小包的，又买了多少东西啊？

女：商场搞活动，我一大早就去排队，买了不少吃的用的。对了，你爸的皮鞋我还没买呢，明天得再跑一趟！

问：女的明天要买什么？

32. 男：下午有个与国际金融相关的讲座，你去吗？

女：我还在犹豫呢，一会儿告诉你。

问：女的是什么意思？

33. 男：小姐，晚上七点以后我们的海鲜买一送一，非常划算，你看这带鱼多新鲜，要不要来两条尝尝？

女：我不喜欢吃带鱼，不过你们这儿的黄鱼看起来挺不错的，给我来几条吧。

问：现在不可能是几点？

34. 女：小王，你的腿怎么了？

男：别提了，昨天踢足球，一不小心摔倒了，腿就成这样了。

问：小王昨天做什么了？

35. 女：已经一个多小时了，我们还要等多久？什么时候才能登机？

男：不好意思，由于天气状况不好，所有航班目前都不能起飞。耽误了您宝贵的时间，非常抱歉！

问：男的可能是什么人？

36. 女：我的手机充电器不见了，你看见了吗？

男：怎么又不见了？你这个丢三落四的毛病能不能改改？

问：根据对话，可以知道什么？

37. 女：先生，试试我们的防蚊水吧，一瓶在手，夏天无忧！

男：真有这么神奇？我老婆买了好几种防蚊水了，个个都说自己如何厉害，可抹了以后还是挨蚊子咬。

问：男的是什么意思？

38. 女：你要是不用电脑，就把它关了吧，不要开着浪费电。

男：现在先别关，我电脑里正在下载东西呢。

问：女的想做什么？

39. 男：小姐，我是这儿的经理，您先不要激动，有什么事儿可以慢慢说。

女：我能不激动吗？一双鞋子才买半个月，让我来回跑了三趟，今天跟儿掉了，明天鞋头张嘴了，换来换去都解决不了问题，你说说，这样的质量能不让人生气嘛！

问：女的为什么生气？

40. 男：你不是已经通过这次研究生考试的笔试了嘛，为什么要放弃面试呢？咱们班就你和王莉两个人通过了考试，多难得的机会啊！

女：没办法，我家负担太重，弟弟还要读大学，我想先工作一年，攒点儿钱，明年再考一次。

问：下列哪项不是女的放弃面试的原因？

41. 男：没事的，你做事一向很小心，何况我在你旁边坐着呢。

女：好吧，那我试试，你可得时刻帮我看着路况啊。

问：他们最可能在做什么？

42. 男：你们这儿有什么特色菜吗？我看这个牛肉不错，够我们四个人吃吗？

女：再点两三个炒菜就够了，我们这儿的拌菜也不错，您可以尝一尝。

问：女的可能是什么人？

43. 男：我觉得我们国家最大的环境问题是空气污染。

女：我同意。这里的空气污染比我们国家严重多了。当然，我们国家农业比重比较大，工业比重比较小。

问：关于女的，可以知道什么？

44. 女：刚才的电影太好看了。情节连贯，场面宏大，演员演技又好，真是我看过最好看的电影了。

男：你看上一部电影之后也是这么说的。

问：根据对话，下列哪项正确？

45. 女：今天的菜实在是太咸了，但有外人在，我又不好意思说。

男：我也觉得盐放得太多了，没看我都快把饮料喝完了。

问：男的为什么喝了很多饮料？

46. 女：我也收到李明的请柬了，周六上午我正好有空儿，咱们一起去吧。

男：好的，真没想到，李明竟然是我们中最早结婚的一个。

问：李明什么时候结婚？

47. 男：周末去你家聚会怎么样？反正都是很熟的老同学了。

女：可是我家坐不下这么多人啊，要不还是去饭店订个包间吧。

问：周末是什么聚会？

48. 男：我们就不能好好谈谈吗？

女：没什么好谈的了，我们两个走到今天，也不是一个人的问题，我觉得我们还是分开一段时间比较好。

问：女的是什么意思？

49. 男：这个是你去加拿大带回来的吗？

女：对，我喜欢收藏些小玩意儿，还有这个，是我从非洲带回来的，那个是我去莫高窟的时候带回来的。

问：女的没去过什么地方？

50. 男：外面风真大，都快把我吹走了。

女：今天的风得有四五级，我晾在外面的袜子都被吹走一只。

问：女的丢了什么？

51. 男：今年咱们学校什么时候组织春游啊？

女：还没确定呢，说是3月份，但还没定具体是哪一天。

问：三月份他们学校要做什么？

52. 男：您是怎么爱上下象棋的呢？

女：我父亲象棋下得很好，我从小就看他下棋，他也教我，慢慢就迷上了。

问：女的是怎么爱上下象棋的？

53. 女：又要看球赛，你的作业写完了吗？

男：放心吧，妈，作业早写完了。下周二的模拟考试肯定进前三名。

问：男的什么时候考试？

54. 男：你生完孩子没多久，怎么身材恢复得这么好？

女：我在怀孕的时候就很注意饮食，只吃高蛋白低脂肪的东西，最主要的是，我每天坚持游泳。

问：女的身材恢复得好的主要原因是什么？

55. 女：我们今天有优惠活动，如果您消费满500元，可以获赠一条围巾，满800元，可以获赠一条皮带。

男：那买这条裙子可以赠送一条围巾。要是围巾不合适，可以换吗？

问：男的可能消费多少钱？

56. 男：你好！我想办一张储蓄卡。还有，你们的小额管理费是怎么收的？

女：只要您银行卡上的钱多过300，就不收费。

问：他们可能在哪儿？

57. 女：你把音乐开那么大声干什么？太吵了。

男：开了两个小时了，我不听点儿摇滚睡着了多危险啊！现在可正是车多的时候。

问：男的为什么听摇滚？

58. 男：今天这儿太堵了，我们坐地铁去拳击馆吧，不仅快，也很方便。

女：好吧，可能这附近的场馆也有比赛，所以这么堵。听新闻说今天还有几场不错的足球赛呢。

问：他们去看什么比赛？

59. 男：这块手表真漂亮，我也想给我太太买一块，你是在哪里买的？

女：我是去香港旅游的时候，在那儿的免税店买的，便宜好几百块钱呢。

问：女的去香港做什么？

60. 女：你看那个女孩怎么瘦成这样，两条腿跟筷子似的，太瘦了穿衣服不好看。

男：你这根本就是"吃不到葡萄说葡萄酸"啊。

问：男的是什么意思？

长对话61—90题。

61. 女：爸，我不想读研究生了。

男：怎么了？你不是考得很好吗？想参加工作了？

女：我想出国留学，您不反对吧？

男：正好相反，我会尊重你的选择。

问：女的有什么打算？

62. 女：先生，您好！您要办理什么业务？

男：你好！我要办一张信用卡。

女：好，请您先在这儿取一个号，对，就这儿。

男：37号，我前面还有几个人？

女：只有两位，请您坐这边稍等一下。

问：他们现在可能在哪儿？

63. 男：你应聘的那家公司有消息了吗？

女：上周参加了一个考试，这周五还有一个考试。

男：那看来很有希望，他们打算招几个人啊？

女：就一个，我得再好好准备一下。

问：那家公司打算招几个人？

64. 女：你的那篇论文怎么样了？编辑怎么说的？

男：他建议我把开头修改一下，题目也要换一个。

女：看来问题不是很大，大概什么时候发表？定下来了吗？

男：可能下个月，在第5期上。

问：根据对话，可以知道什么？

65. 女：这款银色的冰箱是我们今年卖得最好的，您看看。

男：你们现在有什么优惠活动吗？

女：现在买的话，我们送您一个电饭锅并且给您免费送到家。

男：不能打折吗？便宜个几百块，不要电饭锅。

女：对不起，这一款不打折。

问：男的想要什么优惠活动？

66. 男：外面雨下得真大，我全身都湿透了。

女：带着伞怎么还湿成这样？赶紧把衣服换了。

男：今天风太大了。我干脆先洗个澡吧。

女：也行，别再着凉了。我本来想让你吃了饭再洗。

问：男的想先做什么？

67. 男：这照相机怎么坏了？打开就自动关机。

女：不是坏了，是快没电了，一会儿回房间充上电就好了。

男：充电器带了吗？

女：当然带了，不然这几天我们怎么拍照？

问：照相机怎么了？

68. 男：今天中午我吃炸鸡块了，真好吃。

女：少吃油炸食品，那是垃圾食品，对健康没什么好处。

男：我知道，可还是忍不住，一闻到那个香味儿就要流口水。

女：以后还是少吃吧。

问：男的觉得炸鸡块怎么样？

69. 女：你身边有计算机方面的人才吗？

男：怎么了？你们公司的小刘不是很厉害吗？

女：他上个星期辞职了，可能是自己开公司了。

男：我帮你问问，我有一个朋友是计算机系毕业的，正在找工作。

问：女的要找哪方面的人才？

70. 男：大夫您好！我妻子的情况怎么样了？

女：手术很成功，如果她恢复得快，下周三就可以出院了。

男：太好了！太谢谢您了！

女：不客气。

问：男的的妻子怎么了？

71. 女：我妈说，这辈子她最遗憾的事，就是没把数学学好。

男：怪不得你的数学也不好，原来是阿姨没给你一个数学脑子啊！

女：好像也不能这么说，我爸的数学就很好啊，我叔叔更牛，还得过全国的奥林匹克数学竞赛一等奖呢。

男：其实个人努力最重要，你的数学不好是因为你不够努力。所以咱们还是好好做题吧。

问：男的认为女的数学不好的原因是什么？

72. 男：小童，小童，你这是赶着去哪儿啊，这么匆匆忙忙的？咱们班教室在这边呢！

女：你不知道，今天陈思和教授在会议厅做报告，去晚了估计连站的地方都没了。

男：陈思和教授？那可是重量级的！我也得去听听。哎，你怎么跑了？等等我啊！

女：你啊，只能等下回了！没提前报名的一律不准入场！

问：男的为什么不能去听报告？

73. 男：你们女人在找另外一半的时候，都希望对方有哪些方面的优点呢？

女：我觉得大部分的女人还是希望对方人品好、上进、善良。

男：你说的这些条件我觉得自己都符合啊，可为什么这么多年来你还是常常跟我吵架呢？

女：我还忘了最重要的一条，就是无论老婆怎么对你发脾气，你都要好言好语，不能对老婆有任何不满。

问：男的和女的是什么关系？

74. 男：电脑怎么了？我帮你看看。

女：之前还好好的，刚才我打开的文档一点保存，突然就不见了。

男：装杀毒软件了吗？

女：还没来得及装就这样了。你一定要帮我把文档找回来啊，刘经理刚才还来催着我交呢。

问：电脑可能怎么了？

75. 女：这次联系合作办学的事儿您准备让谁去？

男：我看小汤和小李都可以去，他们都有专业背景，办事也细心。

女：我看应该找一个有经验的人去。

男：那就让小汤去吧。

问：为什么让小汤去联系合作办学的事儿？

76. 女：又下雨了，这个月都连着下了一个多星期了，我想晒个被子都不行。

男：梅雨季节就是这样，你都在南方生活这么多年了，还是这么不习惯。

女：没办法，我是北方人，受不了夏天这么大的湿气。

男：嫁给我这个南方人，委屈你啦！不过，谁让你这么喜欢我呢。

问：现在可能是什么季节？

77. 女：大夫，10号床的病人能出院了吗？

男：还不行，还要留院观察一段时间。

女：好吧，这期间需要注意什么吗？

男：不要吃太油腻的东西，多吃些清淡的，还要注意病人的情绪，不要让他太过激动。

问：病人应该注意什么？

78. 女：赶紧帮我看看，我的合同是不是在书桌上放着呢。

男：你先别急，我看看。书桌上？没有啊。

女：那你看看抽屉里，抽屉里有吗？

男：我看看，是在抽屉里呢，怎么了，你要用吗？

女：不，现在不用，我还以为我落在饭馆里了。

问：合同在哪儿？

79. 女：我打算下周末回趟家，我爸爸生病了，我得回去看看。

男：是该回去看看，父母年纪大了，该多陪陪他们。

女：你说得对，你父母身体怎么样？

男：都还不错，就是前几天降温，有点儿感冒了。

女：那可要好好调养，严重了就不好了。

问：女的为什么回家？

80. 女：喂，李先生吗？这里有一个您的包裹，请您下来取一下。

男：我现在有事儿走不开，先放你那儿吧，下班的时候我去拿。

女：好像不行，要您本人签字才行。

男：那稍等一下可以吗？大概5分钟我就下来。

问：男的正在做什么？

81. 女：我这只是举手之劳，您不必这么客气。

男：对你来说很简单，对我来说却很难，这次多亏你了。

女：大家都各有长处也各有短处，以后我们多多互相帮助啊。

男：放心吧，以后你的事儿就是我的事儿了。

问：根据对话，下列哪项正确？

82. 女：刚刚听见广播，飞机又晚点了，咱们白起来这么早往机场赶了。

男：坐飞机就要做好晚点的准备，飞机受天气影响比较大，现在那边下大雪了。

女：可是我最讨厌等飞机了，候机室里人又多又吵，在那儿整个人都会变得很烦躁。

男：既然晚点了那就安心等吧，觉得里面不舒服咱们就在候机室外面待会儿。

问：他们打算在哪儿等飞机？

83. 女：不用送了，赶紧回去吧，家里还有别的客人呢。

男：没关系，已经出来，就送到地铁站吧。

女：没想到你会做饭，而且味道很好。

男：哈哈，这是大家都知道的了，下次再让你尝尝更好吃的。

问：根据对话，下列哪项正确？

84. 女：这个电视剧最近好几个频道都在放，我们同事都在看，你看了没？

男：电视剧？我只对电影感兴趣，看电视剧太浪费时间了。

女：你要是对电影感兴趣就更应该看了，这个电视剧一共才7集，每一集都拍得像电影一样。

男：真的有那么好？那我也去看一下吧。

问：男的为什么不喜欢看电视剧？

85. 男：开会要用的文件都下载下来了吗？

女：正在下载，可是文件太大了，需要一点儿时间。

男：没关系，还有时间，等一下记得打印出来。

女：知道了。另外，明天的飞机票还没有订，要事先订好还是到机场再买？

男：到了机场再说吧，明天的会议也不知道几点能结束。

问：明天他们去机场之前要做什么？

86. 男：嘿，听说你昨天去相亲了啊。快说说，怎么样？

女：还行吧，长相还可以，身高有一米八，不胖也不瘦，说话也挺风趣的。

男：看人不能光看外表，其他方面怎么样？

女：暂时还看不出来，但是他只请我吃了一碗面，真是太抠门了。

问：女的对相亲对象的哪方面不满意？

87. 男：下课咱们去学校南门的四川小炒吃饭吧。

女：行啊，我常常跟同学去那儿，又经济又实惠。

男：我发现去那儿的留学生也越来越多了，四川菜真是大众口味！

女：四川菜挺油挺辣的，有些南方人不喜欢，不过很具有中国特色。

问：关于四川菜的说法，下列哪项不正确？

88. 女：我真是不喜欢北方的天气，十天有九天都是黄沙满天飞。

男：哈哈，南方倒是没有黄沙满天飞，这个季节也是柳絮满天飞呢。

女：柳絮飘着多美啊，不像在这儿，出去一会儿，身上就都是土。

男：你呀，就是叶公好龙，让你去了那儿，你又会抱怨柳絮过敏了。

问：南方现在的天气怎么样？

89. 女：天气预报说，明天早上有雪。

男：那交通肯定要受影响了。糟糕，我明天还得去加班呢。

女：没事儿，主要是高速公路受影响，你去上班又不用走高速。

男：那我也得早点儿出门，估计会堵车。

问：男的明天为什么要早点儿出门？

90. 女：小刘，你的嗓子好点儿了吗？昨晚看完篮球比赛，你说话都没有声音了。

男：嗯，好多了，多亏了您给我推荐的药，下周去看网球赛之前我肯定就都好了。

女：你每回看比赛都像疯了似的喊，嗓子不哑才怪，下次多吹吹喇叭，不要再喊了。

男：一看见自己喜欢的球队进球简直比中了五百万还开心，那时候就觉得吹喇叭根本不过瘾。

问：小刘的嗓子怎么了？

▶ 제2부분 연습문제

第1到3题是根据下面一段话：

中国人有自己传统的情人节，叫作"七夕节"，也就是农历七月初七这一天。七夕的"夕"是"晚上"的意思，所以"七夕"说的就是七月初七的晚上。中国人之所以说这一天是属于情人们的，是因为古时候有一对特别恩爱的男女，由于种种原因，一年中只有这一天才能相见一次，所以中国人把"七夕"视为情人的节日。

1. 七夕节是哪一天?

2. "七夕"的"夕"是什么意思?

3. 七夕是哪些人的节日?

第4到6题是根据下面一段话:

　　一天,一位画家带着朋友去自己家附近的商店买东西。付款的时候,他礼貌地对售货员说了声"谢谢",但售货员却一直不开心,没有理画家。他们走出商店时,朋友说:"那个售货员的服务态度真差劲。"画家对朋友说:"他每天都是这样。"朋友说:"既然他每天都这样,那你为什么还对他那么有礼貌呢?"画家回答:"我为什么要让他的态度来决定我的行为呢?"

4. 那个售货员的态度怎么样?

5. 根据这段话,下列哪项正确?

6. 这段话主要想告诉我们什么道理?

第7到9题是根据下面一段话:

　　汽车和火车是人们常常选用的交通工具,因为它们的价格比较便宜,而且也比较安全。不过,汽车和火车在运行中所发出的噪音是无论如何也不会让你得到安静的。坐船的感觉就会好得多,你可以到处走走,活动活动。可是同样的距离,坐船要花的时间却比汽车和火车长得多。那么坐飞机应该是最好的选择了,它可以节省很多时间,同样的目的地,其他交通工具要花上一天或者几天才能到达,飞机只需要几个小时,而且飞机上还会提供电影、音乐、食品、饮料等等。

7. 坐汽车和坐火车出行有什么缺点?

8. 坐船有什么好处?

9. 关于飞机,下列哪项正确?

第10到12题是根据下面一段话:

　　说起乒乓球,很多人都会想到中国。的确,长期以来,中国的乒乓球水平在国际上是最好的,而且中国是世界上"乒乓人口"最多的国家。因此,很多人认为乒乓球运动是中国人最早发明的,但事实上乒乓球运动在中国只有70多年的历史。最初的乒乓球其实是英国人发明的一项饭后运动。19世纪末,英国上层社会的人们吃完饭之后需要进行适当的运动来帮助消化,于是他们就发明了一种在饭桌上进行的和网球相类似的运动,称为"桌上网球",这就是乒乓球最早的形式。

10. 关于乒乓球,下列哪项正确?

11. 乒乓球最初是哪国人发明的?

12. 乒乓球是由什么运动发展而来的?

第13到15题是根据下面一段话:

　　课堂上老师提问的时候,有个同学总是举手,可老师叫他回答问题时,他却答不出来,引得其他同学哈哈大笑。课后,老师问他为什么这样做。他说,如果老师提问时他不举手,同学们会在课下叫他傻瓜。于是,老师和他约定,当他真会的时候就举左手,不会的时候举右手。渐渐地,这名同学越来越多地举起他的左手,变得越来越自信。他长大后成为了一位出色的工程师。

13. 那个同学为什么总是举手?

14. 老师知道真相后,对他态度如何?

15. 为什么这个同学最后能够获得成功?

第16到17题是根据下面一段话:

    很多外国人第一次来北京的时候,没有随身携带人民币,又不知道应该去哪里兑换,从而造成了许多不方便。其实在北京首都国际机场就有一家中国银行,可以提供货币兑换的服务,如果有需要,可以到那里兑换。另外,北京首都国际机场里有几家书店,店内有介绍中国名胜古迹的宣传册,想要了解旅行信息的国际友人可以到店浏览。

16. 外国人第一次来北京的时候,造成不方便的原因是什么?

17. 北京首都国际机场里的书店的宣传册里有什么?

第18到19题是根据下面一段话:

    外滩,位于上海市中心黄浦区的黄浦江畔,全长1.5公里,南起延安东路,北到苏州河上的外白渡桥,东边是黄浦江,西面是旧上海金融、外贸机构的集中地。外滩现已成为上海乃至全中国的金融及贸易中心,是上海的标志和象征。与外滩隔江相对的浦东陆家嘴,则有东方明珠、金茂大厦等标志性建筑,是中国改革开放的象征和上海现代化建设的缩影。

18. 关于外滩,下列哪项正确?

19. 陆家嘴的标志性建筑是什么?

第20到21题是根据下面一段话:

    近年随着经济的增长,中国正在成为游客净出口国。从2009年开始,出境消费已经超过了入境旅游创汇。中国游客在国外消费总额大有以下四个方面的原因:第一,能够出国旅游的人,本身消费能力就强;第二,受签证、假期、时间等影响,出一次国很不容易;第三,中国人习惯为亲戚朋友带回一些礼物;第四,国外奢侈品价格低于国内,有些新产品在国内甚至买不到。

20. 从什么时候开始,中国的出境消费超过了入境旅游创汇?

21. 下列哪项不是中国游客在国外消费总额大的原因?

第22到23题是根据下面一段话:

    大脑是思维的器官,聪明是以大脑的发展为基础的,发育完善健康的大脑是智慧发展的必备条件。除营养之外,促进脑功能发展的还有遗传、环境、教育等多种因素的相互作用,尤其在婴幼儿时期,早期经验、早期教育是脑功能发展的重要因素。大量有关智力的研究表明,天才和智力低下者各占人群的千分之三左右,绝大多数人都有发展智力的可能性。因此,千万不能随意给孩子戴上"脑子笨"的帽子。实际上,加强早期教育,提供早期经验才是早期智力发展的"金钥匙"。

22. 下列哪项与脑功能的发展无关?

23. 说话人在促进大脑发育方面提倡什么?

第24到27题是根据下面一段话:

    清明节是每年阳历的4月4日、5日或6日,为二十四节气之一,在仲春与暮春之交。清明节,又称扫坟节、鬼节、冥节,与七月十五中元节及十月十五下元节合称三冥节,它们都与祭祀鬼神有关,是最重要的祭祀节日,传统活动都为扫墓。2008年清明节被确立为中国国家法定节假日。清明节的习俗是丰富有趣的,除了扫墓,还有踏青、荡秋千、蹴鞠、打马球、插柳等一系列风俗体育活动。相传这是因为清明节要寒食禁火,为了防止寒食冷餐伤身,所以大家就来参加一些体育活动,锻炼身体。因此，这个节日中既有祭扫新坟生离死别的悲酸泪，又有踏青游玩的欢笑声，是一个富有特色的节日。

24. 下列哪项不是清明节的名称？
25. 清明节的传统活动是什么？
26. "三冥节"是哪三个节日？
27. 关于清明节，下列哪项正确？

第28到30题是根据下面一段话：

足球运动是一项古老的体育活动，历史悠久。中国古代的蹴鞠游戏经阿拉伯人传到欧洲后，逐渐发展成为现代足球。直到1848年，足球运动的第一个文字形式的规则《剑桥规则》才产生。所谓的《剑桥规则》，其实是19世纪早期牛津大学和剑桥大学之间进行比赛时制定的一些规则。在现代足球的规则中，为什么每队只允许11个人上场呢？原来，当时在学校里每间宿舍有10个学生和一位教师，所以他们就以每方11人为标准来进行宿舍与宿舍之间的比赛。

28. 现代足球起源于哪里？
29. 关于《剑桥规则》，表述正确的是下列哪一项？
30. 制定足球规则时，每个宿舍有多少个学生？

第31到32题是根据下面一段话：

刷牙前应该先浸湿牙刷，如不事先将牙刷浸湿，则牙刷的刷毛会变得非常硬，容易损伤牙龈。另外，很多人不知道到底该用软毛牙刷还是硬毛牙刷。牙刷刷毛软硬度的选择因人而异，如牙周病患者就需选择软毛牙刷，这样有利于更好地清洁牙齿。无牙周病的人可选择刷毛软硬度适中、刷头较小的牙刷。牙刷不建议使用太长时间，长期使用的牙刷刷毛容易积存细菌，不利于口腔健康。

31. 刷牙前为什么要先浸湿牙刷？
32. 什么样的人适合选择软毛牙刷？

第33到34题是根据下面一段话：

长白山国际滑雪场的地理位置可谓是得天独厚，它位于北纬41度的黄金滑雪度假带上，受日本海洋性气流和西伯利亚季风气候影响，全年降雨量超过1200毫米。雪期从11月到次年4月，长达6个月，积雪深度在1米以上，雪质松散，呈絮状。因而它成为了许多滑雪者的钟爱之地。滑雪场以冬暖为特色。无风就是暖，好的避风条件能让滑雪者更好地享受舒适的雪季。较长的日照时间，形成了独特的冬日暖阳气候，温度与湿度的合适比例，让度假区的滑雪场成为世界上不可多得的滑雪度假胜地。

33. 长白山国际滑雪场什么时候开始下雪？
34. 下列哪项不属于滑雪场的优势？

第35到37题是根据下面一段话：

春暖花开的时节，也是过敏性疾病的高发季节，特别是一些花粉过敏者，常常深受困扰。预防花粉过敏首先要减少外出，避免接触花粉。遇干热或大风天气，可关闭门窗，阻挡或减少花粉侵入，尽量避免阳光直射，不要使用碱性化妆品和香皂。其次，在饮食上应减少摄入高蛋白、高热量的食物，少吃鱼虾、牛羊肉、油腻的甜食及刺激性食品，而要多吃新鲜蔬菜和水果。另外，如果要进行药物治疗，最好到正规医院，在医生的指导下合理用药。

35. 什么季节是过敏性疾病高发的季节？
36. 干热大风天气怎么预防花粉过敏？

37. 过敏患者在饮食上应该注意什么?

第38到40题是根据下面一段话:
    在日本,垃圾是分类收集、分类处理的。生活垃圾一般分为可燃垃圾、不可燃垃圾及金属、纸张、玻璃等资源垃圾三大类。居民根据当地政府的规定,在每周固定的时间用标准的垃圾袋将分好类的垃圾摆放在固定的地点。以东京都港区为例,每周三、六上午收可燃垃圾,周一上午收不可燃垃圾,周二上午收资源垃圾。居民用东京都23区指定的白色垃圾袋把垃圾摆放在自家附近的垃圾摆放点。上午8点钟左右,区政府的垃圾清理车会沿居民区收集垃圾,然后直接运往垃圾处理厂。日本国土狭小,城市居民密集,不适合修建大量垃圾站。及时地处理垃圾,保证了城市的整洁。
38. 生活垃圾可以分为可燃垃圾、不可燃垃圾和什么垃圾?
39. 东京都港区收不可燃垃圾的时间是什么时候?
40. 垃圾收集后被运往哪里?

第41到42题是根据下面一段话:
    "手表定律"是指一个人有一只手表时,可以知道现在是几点,而当他同时拥有两只手表时,却无法确定时间。两只手表并不能告诉一个人更准确的时间,反而会让看表的人失去对准确时间的信心。面对这种情况,你要做的就是选择其中你较为信赖的那只,尽力校准它,并以此作为你的标准,听从它的指引。"手表定律"在企业经营管理方面给我们一种非常直观的启示,就是对同一个人或同一个组织的管理不能同时采用两种不同的方法或标准,不能同时设置两个或者多个不同的目标。
41. 有两只手表时应该怎么办?
42. "手表定律"如何应用于一个企业?

第43到45题是根据下面一段话:
    握手,是交际的一个部分。握手的力量、姿势与时间往往能够表达对对方的态度,给人留下不同的印象,我们也可以通过握手了解对方的个性,从而赢得交际的主动。需要注意的是,戴着手套握手是极不礼貌的行为。男士在握手前应先脱下手套,摘下帽子。当然在有的情况下也可以不脱,比如在严寒的室外双方都戴着手套、帽子时,这时一般也应先说声"对不起"。握手时双方互相微笑、问候,不要看第三者或显得注意力不集中。除了关系亲近的人可以较长时间地把手握在一起之外,一般握两三下就行,将时间控制在三五秒钟以内最好,不要太用力。如果要表示自己的热情,也可延长握手时间,并在握手时上下摇晃几下。
43. 通过握手,可以了解什么?
44. 什么时候可以不脱手套握手?
45. 关于握手,下列哪项正确?

汉语水平考试HSK（五级）模拟试题（一）听力材料

（音乐，30秒，渐弱）

大家好！欢迎参加HSK（五级）考试。

大家好！欢迎参加HSK（五级）考试。

大家好！欢迎参加HSK（五级）考试。

HSK（五级）听力考试分两部分，共45题。

请大家注意，听力考试现在开始。

▶ 第一部分

第1到20题，请选出正确答案。现在开始第1题：

1. 女：我知道你当志愿者已经10年了，你通常是在哪儿做志愿工作的呢？

   男：基本上是在医院或者本地的慈善机构，比如慈善学校等等。

   问：男的不在哪儿做志愿工作？

2. 男：你好！我叫艾伯特，我看了你们要招学生做语言助手的海报。

   女：是的，你对这个工作感兴趣吗？带简历来了吗？

   问：男的想应聘什么工作？

3. 女：正好我也要去市区，我们一起去吧。

   男：好的，我们可以坐公交车去，咱们两个4块钱正好！

   问：坐公交车去市区每人多少钱？

4. 男：咱们什么时候去车站接李工程师？

   女：火车11点35到，咱们提前一个小时动身去就晚不了，路上50分钟足够了。

   问：他们什么时候出发去车站？

5. 男：这都10天了，你爸也不来个信儿，难道这会还要开上一个月？

   女：我爸说半个月就回来了。耽误不了您20号的事儿。

   问：女的的爸爸的会要开多长时间？

6. 女：这种衣服我能穿出去吗？都快70岁的人了，还穿这么花的？

   男：这有什么啊？比您大的还有穿的呢，现在就流行这个。

   问：关于这件衣服，下列哪项正确？

7. 男：听说小王出差了，可我刚才看见他家有个男人出来，别是进小偷了吧？

   女：嗨，那是小王办公室的小常，帮小王照顾那些宝贝金鱼来了。

   问：从小王家出来的男人是谁？

8. 男：要是您没别的事，我就走了，以后再来看您。

   女：谢谢您了。老麻烦您送孩子回来，还给孩子补课，等腿好了，我一定去学校谢您。

   问：女的为什么不能去接孩子？

9. 男：你今天这肉是怎么做的，咬不动啊！

   女：我就按书上做的。咱家人比较少，所以我的牛肉、酱油和糖都只用了一半，连时间也比书上
   少用了一半。

   问：肉为什么咬不动？

10. 男：明天我们全家去颐和园，你也来吧，我爸爸妈妈一直想见见你呢。

女：过一段时间再说吧，我觉得现在还没有做好见你父母的思想准备。

问：男的和女的最可能是什么关系？

11. 男：你明知道我面试没有通过，怎么也不来安慰我一下？

女：我安慰你，你就可以找到工作，不唉声叹气了吗？

问：男的为什么需要安慰？

12. 女：早知道你是修车的我就找你了，我都三天开不了车了。

男：明天一早我去你那儿看一下，保你后天开着车满街跑。

问：男的是做什么工作的？

13. 女：昨天的话剧怎么样，挺好看的吧？

男：好看什么呀！幸亏你没去看。

问：男的是什么意思？

14. 女：这雨怎么越下越大啊？快给孩子送把伞去。

男：急什么啊？学校11点50分才下课，还有半个钟头呢。

问：现在几点？

15. 男：听说你被提升为你们研究所的所长了？

女：别拿我寻开心了，这还是没影儿的事儿呢。

问：女的是什么意思？

16. 男：咱们放寒假的日子正好赶上春运，现在火车票已经开售了，你要提早做准备啊，不然到时候买不到票就难办了。

女：是啊，今年放假比较晚，那我今晚回去就订票。

问：现在是什么季节？

17. 男：汤姆说杭州很冷，想让我们把他冬天的厚衣服都寄给他。

女：我已经找到了，从北京寄过去大概三四天就可以收到了。

问：汤姆在哪儿？

18. 男：今天晚上我要去看望一下小丽，你要一起去吗？

女：小丽已经出院回家了对吗？那我跟你一起去吧。

问：他们去哪里看望小丽？

19. 男：昨天小王见了我还毕恭毕敬的，可今天见了面，连声招呼也不打，这是怎么了？

女：谁让你现在不是李局长，而是老李了呢。

问：小王为什么没跟男的打招呼？

20. 男：你好！我想替我的一个朋友取包裹，只带了她的身份证，可以吗？

女：对不起，还需要您的身份证，不然取不了。

问：根据对话，下列哪项正确？

▶ 第二部分

第21到45题，请选出正确答案。现在开始第21题：

21. 女：喂，你好，昨天我买的空调，你们什么时候可以来给我安装？

男：您提前给我们打过电话预约了吗？

女：没有。

男：那只能等到下周一了，今天是周五，我们的安装日程已经排满了。

问：今天为什么不能安装空调？

22. 男：哎呀，你怎么把那个大塑料袋扔了啊？我们才用过一次。
    女：刚才酱油洒在里面了，何况塑料袋不都是一次性的吗？
    男：那多浪费！快把它拿回来，还能当垃圾袋呢。
    女：没想到你还挺有环保意识。
    问：根据对话，下列哪项不正确？

23. 男：请问，去往纽约的飞机还要等多久才能起飞？
    女：对不起，因为天气状况可能还需要等一个小时。
    男：我已经等了两个小时了，怎么还要一个小时？上海这里阳光明媚，天气有什么问题？
    女：对不起先生，因为纽约那边现在大雨，所有飞往纽约的航班目前都不能起飞。
    问：上海的天气怎么样？

24. 男：您好，我想问一下李明是在哪一间病房？
    女：您好，我们这里有两位李明在住院，您要找的是住在内科的还是外科的？
    男：我的朋友是因为骨折住院的。
    女：哦，那应该是外科。在3楼302病房，右转有电梯上去。
    问：男的的朋友怎么了？

25. 男：你觉得你自己的个性如何？
    女：我觉得自己精力很充沛，做事很有热情，这是我最大的特点了。
    男：那你认为自己最大的优点和缺点分别是什么呢？
    女：我工作特别勤奋认真，但有时为了尽可能把事情办得完美些，我又会给自己太大的压力。
    问：女的的缺点是什么？

26. 男：听说你们家正在装修？
    女：是的，装得差不多了，除了要再买些家具外，就是去做窗帘了。
    男：我知道一家做窗帘的，弄得不错，如果你有空，可以去看看。
    女：真的吗？那太好了！我正愁没地方去呢！
    问：根据对话，下列哪项正确？

27. 男：你们公司最近运行得怎么样？
    女：公司刚成立不久，还没有什么很大的发展。
    男：不是听说你们刚刚接了几个建筑工程吗？
    女：对，虽然都是比较小的工程，但是相信会越来越好的。
    问：根据对话，公司属于哪个领域？

28. 男：小孩子是不是都不愿意去幼儿园？
    女：孩子们刚开始都这样，时间长了就好了。
    男：但是已经快一年了，到现在，我儿子还是一听去幼儿园就摇头。
    女：那你要跟幼儿园的老师沟通一下，看看究竟是什么原因。
    问：关于男的，可以知道什么？

29. 女：我还以为你忘了今天是我们的结婚纪念日了呢。
    男：怎么会？我还记得你说过，今年的纪念日我们要一起去当初遇见的地方。
    女：天啊，这你都记得，我都给忘了，我还准备了烛光晚餐呢！
    男：没关系，我们可以享受完烛光晚餐，再去北京体育场。
    问：他们第一次是在哪儿相遇的？

30. 男：听说你之前乘火车从北京去了济南，这是你第一次坐火车吗？

女：不是，我年轻的时候坐过很多次火车，最近三四年我也坐过几次火车。

男：现在坐火车和你年轻时坐火车有什么不一样吗？

女：我年轻的时候坐火车饭菜不是送到座位上的，而是需要去餐车吃东西。

问：根据对话，下列哪项正确？

第31到32题是根据下面一段话：

身边的朋友们每天忙于找兼职，有的为了攒钱旅游、买手机，有的为了减轻父母负担，有的觉得可以增加社会阅历，而大学生到底应不应该忙于兼职呢？我认为可以适当兼职。兼职和学习不是对立的，兼职的同时也可以学习，兼职能让人体会赚钱的乐趣以及艰辛，这样也就有更多的动力思考个人的发展方向和前途问题。

31. 说话人对于兼职是什么看法？

32. 下列哪项不是兼职的益处？

第33到35题是根据下面一段话：

我们这所学校，适合不同水平的人来学习。没有学过汉语的人，想从头开始学习，可以上汉语基础班。对具有一定的基础，也能读，也能写，但在听力方面、口语方面存在不足的学员，我们开设了一个"你也能说汉语"的口语班。这个口语班一共分为六个等级。通过面试之后，老师会根据学员的水平，确定学员的级别。我们学校的上课时间是为了照顾学员在不同时间学习的需求而设定的。上午从七点钟一直到十二点结束，下午从三点一直到晚上十点。在这段时间里，学员可以自由选择最佳的学习时间。

33. 这是一所什么学校？

34. 口语班是怎么分班的？

35. 上课时间是怎么安排的？

第36到37题是根据下面一段话：

狮子和老虎之间爆发了一场激烈的战争，到了最后，两败俱伤。狮子快要断气的时候对老虎说："如果不是你非要抢我的地盘，我们也不会弄成现在这样。"老虎吃惊地说："我从未想过要抢你的地盘，我一直以为是你要侵略我！"由此可见，相互沟通是人和人之间相处的一个关键要素。有什么话不要憋在肚子里，多同对方交流，也让对方了解自己，这样可以避免许多无谓的误会和矛盾。

36. 狮子和老虎之间的战争的结果是什么？

37. 人际交往应该怎样避免误会和矛盾？

第38到40题是根据下面一段话：

春节是中国最大的节日。作为节庆的传统，年糕与饺子，各占半壁江山。俗话说，南有年糕，北有饺子，大抵是因为南方人习惯吃年糕，而北方人更讲究吃饺子。近些年来，年糕也渗透到了北方，但比较单调，只有南方人才能将其做出众多的花样。至于饺子，很明显带有北方的特色，在南方开饺子馆的话，一般都要打出"北方水饺"的幌子，以示正宗。这犹如某些店铺强调"手工饺子"，好与流水线上生产的"机器饺子"区别开来。

38. 春节时，南方人习惯吃什么？

39. 关于年糕的说法，下列哪项正确？

40. 南方的饺子馆为什么都要说明是"北方水饺"？

第41到42题是根据下面一段话：

　　两兄弟各自带着一只行李箱出远门了。一路上，重重的行李箱将兄弟俩压得喘不过气来。他们只好左手累了换右手，右手累了再换左手。忽然，大哥停了下来，在路边买了一根扁担，将两个行李箱一左一右挂在扁担上。他挑起两个箱子上路，反倒觉得轻松了很多。在我们人生的大道上，肯定会遇到许许多多的困难。但我们是不是都知道，在前进的道路上，搬开别人脚下的绊脚石，有时也是为自己铺路呢？

41. 哥哥是怎么解决行李箱的问题的？
42. "绊脚石"在文中是什么意思？

第43到45题是根据下面一段话：

　　小方是一名法语教师，在北京一所有名的大学里工作。很多人都很羡慕小方，觉得她的工作很安稳，很清闲，也很有社会地位。但是，小方还是想换工作，她想去外企。她去外企不是为了钱，而是想换一种生活方式。小方非常羡慕写字楼里的白领丽人，她们每天工作节奏很快，每天与不同的人交往，每天碰到不一样的东西。虽然忙，但是生活很新鲜，很丰富。相较之下，当老师的生活太单调了，每天看到同样的人，做同样的事。

43. 为什么很多人羡慕小方？
44. 小方为什么想换工作？
45. 小方觉得老师的生活怎么样？

听力考试现在结束。

실전 모의고사 2회 듣기 스크립트

汉语水平考试HSK（五级）模拟试题（二）
（音乐，30秒，渐弱）
大家好！欢迎参加HSK（五级）考试。
大家好！欢迎参加HSK（五级）考试。
大家好！欢迎参加HSK（五级）考试。
HSK（五级）听力考试分两部分，共45题。
请大家注意，听力考试现在开始。

▶ **第一部分**

第1到20题，请选出正确答案。现在开始第1题：

1. 男：亲爱的，台风来了，咱们的航班取消了，看来今天是回不去了。
　　女：那怎么办？要不看看火车还有没有票吧。
　　问：他们本来想怎么回去？
2. 男：昨天的面试你去了吗？
　　女：没有，我不太喜欢那个工作，所以我去了另外一场招聘会。

问：女的为什么没去面试？

3. 男：开心点儿，不就是输了一场比赛嘛，没什么大不了的。
   女：就是觉得挺可惜的，就差那么一点儿。
   问：女的为什么不开心？

4. 女：你怎么又感冒了，这个冬天你已经是第三次感冒了！
   男：太久没锻炼，身体素质下降了，等这次感冒好了，我就开始锻炼身体。
   问：男的打算做什么？

5. 男：刚才的饭不好吃吗？我看你都没怎么动。
   女：没有啊，我吃得还挺多的，我一直在吃鱼，那道菜做得太好吃了。
   问：根据对话，下列哪项正确？

6. 男：小姐，能再拿条毯子给我吗？睡觉的时候有点儿冷，怕感冒。
   女：请稍等，起飞后会发给大家。
   问：他们可能在哪儿？

7. 男：都几点了，你怎么现在才来啊！不知道今天要开会吗？经理都等得不耐烦了。
   女：唉，今天闹铃没响，我醒来都七点半了，像疯了一样赶来，早饭都没吃。
   问：女的为什么迟到了？

8. 男：电影不是七点开始吗？现在都六点半了，这会儿公交车很难等的。
   女：我们打车去吧，现在打车走十分钟就到了。
   问：他们几点到电影院？

9. 男：中午有空吗？一起出来吃饭吧。
   女：下午要交一个报告，我现在还没做完，中午估计要一边吃盒饭一边做了。
   问：女的为什么不去吃饭？

10. 男：这个项目下个月中旬一定要全部完成，没什么问题吧？
    女：没什么大问题，只是能不能给我们派一部车，每天坐地铁去见客户很耽误时间。
    问：女的需要一部车做什么？

11. 男：还有十分钟就要进考场了，看看铅笔、橡皮、证件有没有缺的。
    女：天哪，爸，我好像忘带准考证了，怎么办，现在回去拿还来得及吗？
    问：女的忘带什么了？

12. 男：为了孩子能够上全市最好的高中，上个星期老王一家搬去西区了。那儿到公司坐地铁得两个
       小时啊。
    女：每个父母都希望孩子能够享受最好的教育资源，真是用心良苦啊。
    问：老王一家为什么搬去西区？

13. 男：一会儿下班有没有空，一起去聚聚啊？今天公司同事聚餐。
    女：不行啊，一会儿我得送我女儿去上钢琴课，然后陪她回家写作业。
    问：女的一会儿要做什么？

14. 女：你最近在干什么呢？总拿着把扇子，现在可是冬天。
    男：哈哈，我拜了个师傅，在学太极扇呢。
    问：男的为什么总拿着扇子？

15. 男：今天天气不太好，下雨了，如果去爬山的话可能会不太安全。
    女：有道理，本来是去玩儿的，摔跤了就不好了，那不如我们去游泳吧。
    问：他们原本打算做什么？

16. 男：你以后可要小心那种诈骗短信。

女：是的，我的好朋友小李昨天收到了诈骗短信，要不是她及时识破，就要被骗走一万块钱了！

问：根据对话，下列哪项正确？

17. 女：快来帮我看看我的电脑，最近不知道怎么了，运行速度越来越慢。

男：让我看看，你这是装了太多软件了，把不常用的删掉一些就好了。

问：女的应该怎么做？

18. 男：明天早晨如果你要开车的话就早点儿来，不然路上会很堵。

女：是啊，明天这里有展览，不过我决定坐公交车来，开车估计我连车位也找不到。

问：女的为什么要坐公交车去？

19. 男：作为一线的教育工作者，你觉得教师应该具备哪些素质？

女：其他的先不说，我认为作为一名教师，要为人师表，首先应该要有高尚的品格，为学生们树立好的榜样。

问：女的认为教师最重要的素质是什么？

20. 男：下周三上海的那个漫展，你考虑好了吗？要不要去？

女：对了，我正想告诉你。下周三我正好要去北京出差，不能跟你一起去了。

问：漫展在哪儿举行？

▶ 第二部分

第21到45题，请选出正确答案。现在开始第21题：

21. 男：我刚才看见你丈夫了，他一个人提着那么大个包往小区外面走呢。

女：是吗？我让他骑着自行车去修那个包，他就是不想骑。

男：哦。只是去修包啊，我以为他要去坐飞机。

女：呵呵，我们下周准备去旅行，可是包坏了，我让他去找人修一下。

问：女的的丈夫去做什么了？

22. 男：我今天想练习听力，这个倒霉的录音机怎么老坏！

女：不是昨天才买的吗？别着急，你先用我的吧。

男：不行，不能刚买的就不能用啊，现在我就找卖家退了它。

女：现在别去了，都这么晚了，人家卖东西的早下班了，你真是个急性子。

问：关于录音机，下列哪项正确？

23. 女：看看这个小兔子可爱不，送给你的。

男：谢谢你。不过今天又不是什么节日，你为什么送我礼物呢？

女：看你忙得，今天是你的生日啊，今年是兔年，我记得你又是属兔的，我就买了这个送给你了。

男：哎呀，我都忘了，太感谢你了。不过我是属虎的。

问：男的是属什么的？

24. 男：怎么搞的？这个月你已经迟到六次了。

女：对不起，主任，我妈妈洗澡的时候把腿给摔了，最近我每天得照顾她，有点儿累，所以……

男：原来是这样，你应该早说的。这样吧，我放你几天假，你先回家照顾几天你妈妈吧。

女：谢谢主任，不用了。明天我姐姐过来，有她在，我就不会这么忙了。

问：女的为什么经常迟到？

25. 女：喂，李先生吗？这里有一个您的包裹，请您下来取一下。

男：我现在有事走不开，先放你那儿吧，下班的时候我去拿。

女：好像不行，这个快递需要有您的身份证件才能签收。

男：那稍等一下可以吗？大概五分钟我就下来。

问：关于快递，下列哪项正确？

26. 男：天真热，听说今天最高温度都到40度了。怪不得今天来图书馆看书的人比平时少了很多。

女：这么热的天，咱们还是别看书了，去学校游泳馆游泳吧，又凉快，又能锻炼身体！

男：好啊，我办了游泳卡，游泳半价。你等我回宿舍拿一下游泳卡吧。

女：好，你快去吧，我直接去游泳馆门口等你。

问：他们可能在哪儿？

27. 女：已经看了三家了，你到底想要什么样的？

男：第一家地方太远了，上班不方便，第二家虽然离单位很近，但价格又有点儿贵。

女：那第三家呢？价格也合理，位置也不错。

男：第三家房东长得不好看。

问：下列哪项不是男的对房子的要求？

28. 男：现在是毕业生找工作的高峰期，可是他们对就业形势甚至对自己都没有一个清楚的认识，所以很多学生感到很迷茫。

女：是啊，我们正打算举办一场"就业宣讲会"，给他们提供一些就业指导，帮助他们顺利就业。

男：太好了，希望能够尽快举办。如果能再提供一些合适的就业机会就更好了。

女：好的，我回去再跟其他几位老师商量一下，尽量给他们提供更多的帮助。

问：举办宣讲会的目的是什么？

29. 男：是隔壁的小王啊，快请进，找我有什么事吗？

女：我想弄一些花儿栽在院子里，我不在的时候，你能替我浇浇水吗？

男：当然可以啊。不过等我出差的时候，你能不能帮我照顾照顾我的狗呢？

女：那没问题，邻居就要互相帮忙嘛。

问：根据对话，下列哪项正确？

30. 男：你觉得是选一个好学校更重要，还是选一个好专业更重要？

女：我觉得学校更重要，找工作的时候很多公司都要求名校毕业。

男：我不这么认为，我觉得还是专业更重要，没有用的专业即使学了也学不到东西，名校毕业也没有公司会要你。

女：嗯，好像也有道理，总之还是能力最重要。

问：男的认为什么更重要？

第31到32题是根据下面一段话：

　　在中国，燃放烟花爆竹已有两千多年的历史。然而，进入20世纪90年代以后，出于安全和环保的考虑，许多大中城市相继做出了禁止燃放烟花爆竹的决定。但每到春节时，许多居民仍举家出动，或燃放烟花爆竹，或尽情欣赏他人燃放，禁放令遭到了挑战。于是许多城市又开始实行限放制度，即在规定的时间和区域内，可以燃放烟花爆竹。

31. 大中城市禁止燃放烟花爆竹的原因是什么？

32. 什么是烟花爆竹的限放制度？

第33到34题是根据下面一段话：

北京观赏红叶的最佳时间一般为10月下旬。这时候北京逐渐变冷，昼夜温差大，所以每年大约10月上旬，寒露前后，香山丛林的树叶就会变红。据多年观测记载，观赏红叶的最佳时间点，多数为10月26日，也有最早的是10月17日，最晚的为11月15日的。正如陈毅的诗中所说："西山红叶好，霜重色愈浓。"这道出了红叶的最佳观赏时间。

33. 观赏红叶的最佳时间是什么时候？

34. 观赏红叶最晚可以是什么时候？

第35到37题是根据下面一段话：

忙忙碌碌的一个学期过去了，作为班主任，这几个月和同学们朝夕相处，看着他们一天天地成长，我的心里真的很欣慰，我们这个班总体上是一个活泼、文明、团结、上进的集体，学生的上进心比较强，学习积极性很高。家长大都能够积极配合、支持学校和班级的工作。我觉得，同学们都很聪明，都有学习的天分，关键是努力了没有。每个孩子的身上都蕴藏着无穷的潜力，都能变得更加优秀，关键在于孩子自己有没有认真对待，有没有把学习当回事儿。因此，希望家长能够继续予以配合，充分发挥外力的作用，让孩子在成长的道路上走得更稳一些，发展得更好一些。

35. "我"是什么人？

36. "我"对学生的评价是什么？

37. "我"对家长的希望是什么？

第38到39题是根据下面一段话：

黄山位于安徽省黄山市，是中国著名的旅游风景区。人们常说，"五岳归来不看山，黄山归来不看岳"，足以说明黄山之美。黄山的主要山峰为天都峰，有"不上天都峰，不算上黄山"的说法，为了安全，天都峰冬季不开放，莲花峰是黄山第二高峰。黄山共有七大景区：温泉景区、北海景区、云谷景区、玉屏景区、钓桥景区、松谷景区和白云景区。游客可以根据时间，安排一日游或两日游。

38. 去黄山一定要去哪儿？

39. 天都峰冬季为什么不开放？

第40到42题是根据下面一段话：

一次性物品的出现，意味着人类科学的飞速进步，这是人们取得的一大成就。这一成就给人们带来了许多便利。使用一次性物品，可以减少许多麻烦，比如说，可以不用花时间来清洗，时间紧迫的时候，用过直接扔掉就可以了。但是一次性物品对环境的污染很大，例如一次性筷子，这种筷子是用木头做的，每天大大小小的饭店都要使用这种筷子，照这样统计，每天光制作这种筷子就要砍伐一片森林，这样下去，水土将大量流失，生态平衡也将遭到极大的破坏。还有一次性塑料杯、一次性饭盒等，造成了许多白色污染，影响了环境。总之，虽然一次性物品带来了便利，但更重要的是，它对我们生存的环境造成了极大的威胁，因而我们要减少使用一次性物品，保护环境，保护我们的家园。

40. 一次性物品的优点是什么？

41. 下列哪项不属于一次性筷子的不利影响？

42. 对待一次性物品的正确态度是什么？

第43到45题是根据下面一段话：

绿茶中含有强效抗氧化剂以及维生素C，不但可以清除体内的自由基，还能使人体分泌出对抗紧张和压力的荷尔蒙。绿茶中所含的少量的咖啡因可以刺激中枢神经，振奋精神。也正因为如此，我们推荐上午饮用绿茶，以免影响睡眠。疲劳的时候，还可以来一杯枸杞茶。枸杞含有丰富的胡萝卜素、维生素C，具有补肝、益肾、明目的作用。它本身有甜味，可以像葡萄干一样当零食吃，它对眼睛干涩疲劳很有功效。有些人把菊花和枸杞放在一起泡着喝，这样的搭配很养生。菊花清热解毒，养肝明目，能让人头脑清醒，双目明亮，特别是对肝火旺盛、用眼过度导致的双眼干涩有较好疗效。

43. 绿茶适合在什么时候饮用？

44. 劳累的时候适合喝什么茶？

45. 菊花有什么功效？

听力考试现在结束。

실전 모의고사 3회 듣기 스크립트

汉语水平考试HSK（五级）模拟试题（三）听力材料

（音乐，30秒，渐弱）

大家好！欢迎参加HSK（五级）考试。

大家好！欢迎参加HSK（五级）考试。

大家好！欢迎参加HSK（五级）考试。

HSK（五级）听力考试分两部分，共45题。

请大家注意，听力考试现在开始。

▶ 第一部分

第1到20题，请选出正确答案。现在开始第1题：

1. 男：对不起啊，今天我恐怕必须得加班了，又不能陪你去看电影了。

   女：哦，我知道了，这些我都习惯了，你去忙你的吧。

   问：他们今晚本来打算做什么？

2. 女：这家餐厅真不错，有浪漫的烛光晚餐、动人的音乐，还有贴心的服务。

   男：饭做得这么难吃，这些就是再好也没用，我不会再来了。

   问：男的对这家餐厅有什么评价？

3. 男：你是名牌大学毕业，又年轻，还有这么多年的工作经验，为什么选择那个成立不到一年的小公司啊？

   女：金子在哪里都会发光的，而且这个公司的领导一直重用我。

   问：关于女的，可以知道什么？

4. 男：别忘了带伞，昨天天气预报说今天有暴雨。

   女：哦，我知道了，那你别忘了关窗户。上回忘了关窗户，家里都进水了。

   问：根据对话，下列哪项正确？

5. 男：哟，都这个点儿了，我得赶紧走了，不然赶不上车了。

   女：可不是，这辆公交晚上10点收线，走快点儿还能赶上末班车，要是没车了，就打的回去吧。

问：现在不可能是几点?

6. 女：最近公司每周六举行篮球比赛，怎么都没见你去过，不喜欢打篮球吗?
   男：我喜欢打篮球，不过半年前我胳膊骨折过一次，医生说我需要休养。
   问：男的为什么不参加篮球比赛?

7. 女：我坚持跑步都这么长时间了，可是为什么还没有瘦啊?
   男：你跑完步又吃那么多东西，不胖才怪呢! 运动和控制饮食结合才能保持身材。
   问：女的为什么没瘦?

8. 女：朋友送了我两张今晚全国体操决赛的入场券，我特别喜欢看花样体操。
   男：你准备跟谁一起去呀? 如果没有人去的话叫上我吧，我也挺感兴趣的。
   问：男的是什么意思?

9. 男：这个电视剧有什么好看的，讲的无非是些无聊的爱情故事，还不如看球赛呢。
   女：球赛更难看，那么多人抢一个球，一点儿意思也没有。
   问：根据对话，下列哪项正确?

10. 男：我很喜欢您的作品，特别是您对生活细节的描写，非常细腻，非常真实。
    女：谢谢你! 我打算十月份的时候出版一套诗集，到时候请多多支持。
    问：男的认为女的的作品有什么特点?

11. 男：走快一点儿，晚会八点半开始，不快点儿就赶不上看新年晚会了。
    女：谁让你看球赛忘记时间，还有十五分钟就八点了，肯定赶不上了。
    问：他们为什么赶不上看新年晚会?

12. 男：你这样的论文我看是通不过的。
    女：那麻烦你来带孩子，我绝对可以写一篇质量好的出来。
    问：他们是什么关系?

13. 男：你的钱包里有什么重要的东西吗?
    女：其他的倒没什么，银行卡和现金都没放在里面，但是我的身份证在钱包里，没有身份证就没办法买车票。
    问：女的怎么了?

14. 男：春节你去哪儿过?
    女：我也愁呢，杭州的奶奶想见孩子，北京的姥姥也想见孩子，可是春节年假我们两个都不想往外走，就想在济南自己家里待着。
    问：女的春节在哪儿过?

15. 男：周末有时间吗，赏脸一起吃个饭吧?
    女：别在我身上浪费时间了，好女孩还有很多。
    问：根据对话，下列哪项正确?

16. 女：终于结束了，这电影真长，我见你刚刚看得挺投入的，你觉得怎么样?
    男：挺没意思的，我差点睡着了，我是怕吵到别人所以没跟你说话。
    问：男的觉得电影怎么样?

17. 男：听说你拿到驾照了，正好今天我太累了不想开车，你来开吧。
    女：啊? 不行啊，虽然驾照拿到了，但是毕竟是新手啊，一看见路上有那么多车，我就紧张。
    问：关于女的，可以知道什么?

18. 女：我的航班延误了，可是我明天下午还有个很重要的会议，必须得出席啊。
    男：他们说伦敦大雾，但是2个小时以后可能会恢复正常，你耐心等待一下吧。

问：女的去伦敦做什么？

19. 男：您觉得这次彩排怎么样？

女：这次彩排的效果比我想的要好，本来还以为要重复很多次，谁知道一次就通过了，真是出乎意料地顺利。

问：关于彩排，下列哪项正确？

20. 女：你这是要去哪儿啊，咱们不是三点开会吗？

男：完了，撞车了，领导那边要我去开会，我完全忘了咱们也要开会的事儿。

问：男的怎么了？

▶ 第二部分

第21到45题，请选出正确答案。现在开始第21题：

21. 男：我来看看冰箱，家里的冰箱坏了。

女：您想要什么牌子的？

男：这个倒没有什么限制，最好是噪音小一点儿，制冷效果好一点儿的。

女：这台怎么样，制冷效果很好，而且还送一台自动吸尘器。

问：男的对冰箱有什么要求？

22. 男：听说下周终于要下雨了。

女：别信别人乱说。天气预报说了，未来一个月都是三十八度以上的晴天。

男：真的吗？看来我们军训一天也不能偷懒了。

女：你还想着偷懒，看我不告诉教官。

问：男的为什么希望下雨？

23. 女：听说你最近在找房子，你那儿交通很方便，价格又便宜，为什么要换啊？

男：以前一个人住单间就够了，现在我妻子也来这里找工作了，所以想找个大点儿的。

女：那你找得怎么样了？

男：不是太差就是太贵，要么就是太远，现在找房子比找老婆还难啊。

问：男的想找什么样的房子？

24. 女：昨天见到了小李的双胞胎儿子，两个孩子长得一模一样，真是太可爱了。

男：他的两个孩子还长得都很好看，也很聪明，小李真是太有福气了。

女：对啊，我都快羡慕死了，我也想要生一对双胞胎。

男：唉，你还是先找对象吧。

问：根据对话，下列哪项正确？

25. 男：李丽，你赞成我的看法吗？

女：我不赞成你的看法，但我尊重你的意见。

男：好吧，那你能告诉我你的想法吗？我们可以互相交流的。

女：我的观点跟你的完全不同，如果你能保证不像上次一样生气我就告诉你。

男：好吧，我保证稳定情绪，你说吧。

问：关于男的，可以知道什么？

26. 男：最近几天全国都在下雪，天气还都特别冷。

女：你不觉得奇怪吗？往年可是没有这么冷的天儿啊。

男：今年特别反常，南方好多地方都下雪了，以往那些地方可是从来不下雪的。

女：感觉这几天天气越来越反常了，不知道到底是什么原因。

问：今年天气怎么样？

27. 男：你的失眠好些了吗？马上汉语桥总决赛就要开始了。

女：没有，依然睡不着，估计比赛完就好了。

男：你肯定是压力太大了，想办法减减压。

女：没关系，我就是这样，想得多就睡不着，不过不会影响我正常发挥的。

问：女的最近怎么了？

28. 男：这是我从西安带回来的特产，你尝尝吧。

女：谢谢你，你什么时候去西安了？

男：上周六去的，昨天晚上刚回来。我们公司在那里开了一家分公司。

女：我想起来了，我爱人就是你们公司的，他跟我说过。

问：女的的爱人和男的是什么关系？

29. 男：最近一段时间，感觉脖子疼得很厉害。

女：长时间一个姿势坐在电脑前，脖子肯定会疼的。你应该去锻炼身体！

男：锻炼是老人家的事情吧，我妈每天都出去跳广场舞。可我还不到四十岁，等四十岁以后再锻炼吧。

女：等身体出了问题，就后悔也来不及了。所以现在就要开始锻炼。

问：女的建议男的做什么？

30. 男：你好，是在这儿办健身卡吗？我想在这里打网球。

女：可以的，我们现在办卡有优惠。您是办月卡还是年卡？月卡每月400块。

男：你们这儿年卡多少钱？

女：年卡原来是3600块，现在我们有五折优惠，您现在办卡的话，特别划算。

男：确实挺优惠的跟月卡比，那我办一年吧。

问：男的办卡花了多少钱？

第31到32题是根据下面一段话：

在寒冷的冬季，很多人都选择通过晨练来增强免疫力。但室外健身却不是越早越好，有关健康专家建议：冬季室外健身适宜在日出后进行。冬季日出前的地面温度较低，清晨空气中一氧化碳、二氧化碳的含量也较高，另外，汽车尾气中的有害污染物质也都聚于地面，人们若早起锻炼，就会吸入很多的烟尘和有害气体，不利于健康。

31. 冬季室外健身应该在什么时候进行？

32. 下列说法哪项正确？

第33到35题是根据下面一段话：

广场舞是一种由群众自发组织起来的舞蹈形式，它的参与者多为中老年人，其中又以大妈居多。广场舞是近几年流行起来的，它与现代生活息息相关，所以又叫现代都市健身舞。它既可以健身又可以娱乐，是一项很好的体育运动项目。现在的广场舞已经得到了越来越多的不同年龄层次的人们的肯定，因为大家都开始关注起自己的健康了，而年轻人和老年人的互动也为广场舞增加了许多的乐趣。广场舞作为现代城市广场发展的产物，不仅是一种文化现象，更成为了一种值得关注的社会现象。

33. 广场舞的参与者主要是什么人？

34. 现在的广场舞有什么特点？

35. 关于广场舞，下列哪项正确？

第36到37题是根据下面一段话:

　　我们这里的集市三月三是很有名气的。每当到了三月三,街上便热闹非凡,许许多多的人来到这里,大家一起度过开开心心的一天。在三月三,几乎没有买不到的商品,整个大街上到处是人,简直是人山人海。套泥人是三月三最常见的游戏之一,玩的人必须站在线外,拿着圈儿去套自己想要的物品。套中了欣喜万分,套不中也是乐趣无穷。三月三除了套泥人之外,还有其他很多很好玩儿的游戏,我就不一一讲了,希望哪一天你能来我家乡做客,到时候我一定带你好好玩儿一天!

36. 根据这段话,可以知道"三月三"是什么?

37. "套泥人"是什么样的游戏?

第38到40题是根据下面一段话:

　　现在,几乎所有的商场都是用塑料袋包装商品,这确实方便了消费者。但塑料袋深埋在土中不腐烂,遇水不溶化,很难处理。一刮大风,废塑料袋满天飞,有的挂到树上,有的落到河中,既不卫生,又影响市容。为此,我们作为消费者,应该尽量减少使用塑料袋,不应该随意丢弃塑料袋。另外,政府方面也应该多研制纸袋一类的包装用品来代替塑料袋,以尽量减少这种"白色垃圾"所带来的社会危害。

38. 塑料袋有什么危害?

39. 消费者应该怎么使用塑料袋?

40. 政府应该怎么解决塑料袋问题?

第41到42题是根据下面一段话:

　　竹子虽然坚硬,却敌不过大熊猫坚硬的下颚和强有力的牙齿。一只大熊猫每天要吃掉9—18千克的竹子。竹子是禾本科植物,能长得和树一样高,而且生长速度非常快,能在你眼皮子底下不停拔高。但即便如此,在20世纪70年代中期,仍有将近138只大熊猫死于饥饿。在大熊猫的饮食结构中,竹子占了99%的比重。竹子在开花前,茎、竹笋和竹叶都是大熊猫的美食。但在竹子开花的阶段,即使是最饥饿的大熊猫,也不会吃上一口,因为这个时期的竹子既没营养,也不可口。

41. 20世纪70年代,大熊猫为什么大量死亡?

42. 大熊猫不吃下列哪一种食物?

第43到45题是根据下面一段话:

　　刚才班长通知我,这个周五的晚上要举行元旦联欢会,去年咱们宿舍没有出节目,所以班长要求咱们宿舍这次必须出几个节目。李红的歌唱得那么好,我已经自作主张给你报了一个独唱节目,一会儿你看一下唱什么。还有张丽,我给你报了个舞蹈,我知道你学过民族舞,这个对你来说肯定没问题。然后,咱们大家再一起商量一下,看还能表演什么,班长要求咱们至少要出三个呢。实在不行,咱们宿舍六个人一起演一个小品怎么样?还有三天的时间,我们现在一起排练一下,应该还来得及。

43. 她们宿舍为什么必须出节目?

44. 张丽最可能跳什么舞?

45. 她们打算六个人一起表演什么节目?

听力考试现在结束。

memo

memo